es 1051

edition suhrkamp

Neue Folge Band 51

Die arabischen Staaten sind in den letzten Jahren aus unterschiedlichen Gründen in den Mittelpunkt der Aufmerksamkeit der Weltöffentlichkeit getreten: In den arabischen Staaten findet sich ein Großteil der für die industrialisierten Staaten wichtigen Rohölvorkommen; der Islam stellt eine dem modernen, »westlichen« Weltbild entgegengesetzte Auffassung von Kultur, Zivilisation und Politik dar, die, gerade in letzter Zeit, zu Konflikten mit den westlich-kapitalistischen Staaten geführt hat. Ein Grund für die Konflikte, die um die arabischen Staaten entstanden sind, stellt die mangelnde Information über Geschichte, Kultur und Entwicklung dieser Länder dar. Diesem Mangel sucht Maxime Rodinson durch Basisinformation abzuhelfen. Er untersucht die Fragen: Wer sind die Araber? Welche Ausdehnung hat dieses Volk? Welches sind seine ethnischen und kulturellen Ursprünge, welches seine Ressourcen für eine Entwicklung? Wie hat sich die Vorstellung des einen arabischen Volks in der Geschichte entwickelt und wie ist die Ideologie des zeitgenössischen arabischen Nationalismus beschaffen?
Maxime Rodinson ist Directeur d'Etudes an der Ecole Pratique des Hautes Etudes in Paris (6. Sektion).
Im Suhrkamp Verlag erschien von M. Rodinson *Islam und Kapitalismus.*

# Maxime Rodinson
# Die Araber

*Aus dem Französischen*
*von Ursula Assaf-Nowak*
*und Maurice Saliba*

Suhrkamp

Titel der Originalausgabe: *Les arabes*

edition suhrkamp 1051
Neue Folge Band 51
Erste Auflage 1981

Deutsche Erstausgabe.

Satz: Weihrauch, Würzburg
Druck: Nomos Verlagsgesellschaft, Baden-Baden
Printed in Germany
Umschlagentwurf: Willy Fleckhaus

3 4 5 6 7 – 96 95 94 93 92 91

# *Inhalt*

# Vorwort

Wer interessiert sich nicht für die Araber, und sei es auch nur in den Abständen, in denen der äußerst bewegliche Projektor des Zeitgeschehens seinen Lichtstrahl für die Dauer eines herausragenden Ereignisses auf sie richtet? Diese Abstände haben sich in den letzten zwei oder drei Jahrzehnten übrigens in solchem Maße verkürzt, daß sie bereits eine Zeitspanne darstellen, die kaum Unterbrechungen aufweist. Gibt es überhaupt noch jemanden, der nicht über sie spricht? Männer und Frauen hatten es ja nie nötig, viel zu wissen, um zu reden oder zu urteilen. Und was die Araber selber betrifft, so befinden sie sich seit geraumer Zeit in einem Stadium, in dem das Reden über sich selbst verlockender ist, als es im allgemeinen bei unserem existentiellen Narzißmus der Fall ist.

Doch die Unkenntnis ist ebenso weit verbreitet wie das Gerede. Der Fachgelehrte – der keine Ehre aus seinen vertieften und genaueren Informationen auf diesem Gebiet zieht, einem Wissen, das die Unkenntnis auf anderem Gebiet übrigens kompensiert – hat oft zu leiden unter den irrigen Behauptungen, die er hört und liest, zumindest aber Behauptungen, die ungenügend differenziert sind oder in eine falsche Sicht einbezogen sind. Und das ist schon der Fall, wenn man im Laufe einer Beweisführung außer acht läßt – wie könnte man sie auch allgemein unberücksichtigt lassen –, welche Verfälschungen offene oder versteckte Affekte unvermeidlich zur Folge haben. In unserer Zeit sind die Affekte, die durch dieses Volk hervorgerufen werden, vielleicht stärker als bei jedem anderen Volk – oder bei nahezu jedem anderen Volk.

Einziges Ziel dieses Buches ist es, diesem Unwissen wenigstens zum Teil entgegenzutreten und eine genaue Information anzubieten, die – wie ich glaube – aus den besten Quellen schöpft, die dicht und bündig ist, in den Augen mancher vielleicht zu trocken eben wegen dieser Bündigkeit. Es könnte den Titel »Darstellung der Araber« tragen. Ich mußte es straffen, doch ich konnte mich nicht entschließen, auf Angaben und Erörterungen zu verzichten, die ich für wichtig hielt.

Natürlich war es mir nicht möglich, alles zu erörtern, nicht einmal alle grundsätzlichen Probleme konnte ich behandeln. Meine »Darstellung« mußte sich notgedrungen auf einige Punkte konzentrieren, die meiner Meinung nach von erstrangiger Bedeutung sind, um die arabische Welt der Gegenwart, aber auch der Vergangenheit auf eine nicht zu verfälschte Weise anzugehen, und um wenigstens einige Entwürfe der unergründlichen Zukunftsperspektiven aufzuzeigen, kurz, um die Araber zu verstehen.

Dabei habe ich die Geschichte der Ereignisse und auch der Strukturen unberücksichtigt gelassen, ebenso wie die Ideengeschichte und ihre Errungenschaften im einzelnen, denn es gibt viele schätzenswerte Bücher, die dies auf zuverlässige Weise tun. Ich wollte die Aufmerksamkeit vor allem auf die Definition der arabischen Ethnie lenken, die sehr viel schwieriger einzugrenzen ist, als es zunächst den Anschein hat. Mit anderen Worten: Ich wollte soziologische Maßstäbe anlegen, bereichert durch historische Informationen, um die Frage zu beantworten: Was ist ein Araber? Wer sind die Araber?

In diesem Sinne habe ich versucht, die Grenzen der arabischen Ethnie in der Gegenwart aufzuzeigen sowie die Grundlagen für ihre Ausdehnung in der Vergangenheit. Diese Vergangenheit mußte sondiert werden, nicht, wie wir bereits andeuteten, um über die Abfolge der Ereignisse zu berichten oder um die Strukturen eingehend zu beschreiben, sondern vielmehr, um für jede Region der arabischen Welt aufzuzeigen, auf welche Weise ihr Arabertum erworben wurde und auf welcher ethnischen Grundlage es errichtet wurde. Dies sind sehr wichtige Tatsachen, deren Einfluß während der gesamten Geschichte bis zur Gegenwart bemerkbar ist, obwohl er gemeinhin ignoriert wird; bei den Arabern selbst wird er vielfach verstellt durch ihre nationalistischen Mythen, und sogar bei Islamkundlern und Arabisten ist er vielfach wegen ihrer Spezialisierung nicht bekannt.

Ferner hielt ich es für wichtig, ausgehend vom Arabertum, die Entwicklung des Arabismus in großen Linien zu veranschaulichen. Anders gesagt: Ich wollte die Voraussetzungen darstellen und erklären, unter denen sich eine Ideologie der ethnischen Identität, wie sie vom modernen Nationalismus verbreitet wurde, seit fast einem Jahrhundert entwickelt hat in komplexen, widersprüchlichen und oft heftigen Formen, die die anderen Völker befremdeten und erstaunten.

Diesem Bild hätte etwas Wesentliches gefehlt, wenn ich nicht aufzuzeigen versucht hätte – wenn auch nur andeutungsweise –, welches die aktuellen und potentiellen Ressourcen dieser Gesamtheit sind, die danach strebt, frei und soweit wie möglich geeint, ihren Platz unter den großen Gruppen der derzeitigen Menschheit einzunehmen.

Nun verblieb nur noch die vielleicht wichtigste Aufgabe: dieses Gebilde zu charakterisieren, zu beschreiben und sein Bild zu entwerfen. Das war gleichzeitig auch am schwierigsten. Das Gros der Leser und eine Reihe von Autoren, die sich vor mir auf diesen gefahrvollen Weg begeben haben, reizte es, so schnell wie möglich zu verallgemeinernden

Charakterisierungen zu gelangen, die klare und deutliche Urteile erlauben. Ich gehöre aber zu denjenigen, die nicht daran glauben, daß dies so einfach ist, zumindest wenn man Behauptungen aufstellen will, die wohl begründet und nachweisbar sind, was ja Kriterien wissenschaftlichen Vorgehens sind. Man kann auf diesem Gebiet nur mit großer Vorsicht zu Werke gehen, mit viel Behutsamkeit, schrittweise, indem man die Schwierigkeiten in so viele Teile zerlegt, wie es nötig ist. Die Reaktionen der Völker und der Individuen, aus denen sie sich zusammensetzen, sind bedingt durch alle möglichen hierarchisierten Strukturen, die ihre praktischen und geistigen Tätigkeiten auf allen Ebenen organisieren. Ich habe versucht – auf sehr knappe Weise –, diese Strukturen der sozialen Beziehungen und des Denkens, so wie sie mir erschienen, zu definieren. Doch eine Charakterisierung, eine allgemeine Verhaltensstruktur – ein Nationalcharakter oder, in modernen Begriffen ausgedrückt, eine Grundpersönlichkeit ist das Ergebnis all dieser Faktoren zusätzlich derer, die dem menschlichen Geschlecht im allgemeinen innewohnen; und auf die Gefahr hin zu enttäuschen: Ich glaube nicht, daß man derzeit diese Grundstruktur definieren kann (weder für einen Teil des arabischen Volkes und noch weniger für seine Gesamtheit), indem man einem wissenschaftlichen Urteil eine vernünftige Vermutung an die Seite stellt. Ich habe lediglich versucht, mit Hilfe der Intuitionen einiger Autoren plausible Hypothesen aufzustellen.

Mein hauptsächliches Anliegen bestand darin, mit Hilfe genauer Informationen zu entmystifizieren und die gängigen Ideen, die mir als zweifelhaft oder falsch erscheinen, anzufechten. Und daran fehlt es auf diesem Gebiet beileibe nicht. Ich habe mich bemüht, es mit Unvoreingenommenheit zu tun, indem ich den Einflüsterungen der Sentimentalität kein Gehör schenkte, die mehr oder weniger vom Mystizismus geprägt sind, ebenso wie denjenigen von Haß oder Liebe, welche die Mode zur Zeit mehr oder weniger rechtfertigt. Wenn auch absolute Objektivität nicht zu verwirklichen ist, so ist es doch angemessen, um Behauptungen aufzustellen, die für alle gültig sind, nicht wissentlich die Einseitigkeit zu wählen wie Gribouille, der ins Wasser sprang, um zu vermeiden, daß er vom Regen naß wird. Ich bin der Meinung, daß der Rückgriff auf die bewährten Methoden des wissenschaftlichen Vorgehens zur Überprüfung der Angaben (was man auch immer behauptet – es gibt Fakten, die von unserer Psyche unabhängig sind) sowie auf die Regeln der rationalen Beweisführung ebenso nötig und zugänglich sind wie eh und je. Der beste Beweis dafür ist, daß diejenigen, die ihre Gültigkeit verneinen, stets zu überzeugen suchen, indem sie sich auf ihrer Meinung nach erwiesene Fakten berufen und auf die gleichen Regeln der Beweisführung.

Das fordert natürlich die Kritik derjenigen heraus, die sich von den Gefühlen des Hasses und der Liebe nicht lösen können und nicht lösen wollen, sowie die Anschuldigung, solche Gefühle heuchlerisch unter der Maske wissenschaftlicher Kühle zu verbergen. Keine Antwort würde diejenigen, die solche Kritiken und Anschuldigungen äußern, überzeugen.

Auf den ersten Blick ist es wohl verwunderlich, daß diese Erwägungen, wenn nicht unerläßlich, so doch nützlich sind. Ein Buch über die Spanier, die Engländer oder die Chinesen hätte sie viel weniger nötig. Das allein zeigt die Heftigkeit der Leidenschaften, die heute vom arabischen Phänomen ausgelöst werden. Diese Passionen erklären auch die Fülle der auf diesem Gebiet existierenden Mythen und die Notwendigkeit, sie zu bekämpfen. Dabei ist darauf hinzuweisen, daß die Mythen, die bei den Nichtarabern oft vom Haß motiviert sind, in der arabischen Welt offensichtlich rechtfertigende Funktion haben. Zur Rechtfertigung wurde immer schon eine gewisse Anzahl von Tatsachen entstellt und ignoriert. Wie diejenigen – außerhalb der arabischen Welt –, die fest an überkommene Ideen glauben, so werden auch die Araber hier Behauptungen finden, die zu dem, was ihnen gelehrt wurde, in Widerspruch stehen. Ich kann nur immer wieder versichern, daß ich mein Möglichstes tat, um nur solche Behauptungen aufzustellen, die gegenwärtige Schlußfolgerungen unvoreingenommener wissenschaftlicher Forschungen sind.

Dieses Buch ist offensichtlich nicht von einem Araber verfaßt, und ich zweifle nicht daran, daß diejenigen in der arabischen Welt, die mit einigen meiner Behauptungen nicht einverstanden sind, aus dieser Tatsache übertriebene Schlußfolgerungen ziehen: Wieder ein Blick eines Fremden mit seinen Vorurteilen, seinem Unverständnis, seiner sträflichen Böswilligkeit oder seinem paternalistischen Wohlwollen! Es ist wohl wahr, daß meine Fremdheit mir trotz meiner Studien und Kontakte gewisse Fakten oder Perspektiven vorenthalten muß. Es ist auch wahr, daß ich – trotz meiner Bemühungen – meiner europäischen kulturellen Konditionierung nicht entrinnen kann. Ich leugne dies nicht. Aber man sollte auch zugeben, daß der Blick von außen ebenfalls seine Vorteile hat. Die Historiker der Astronomie wissen, daß es viel schwerer gewesen ist, die Galaxie, der wir angehören, mit ihrem ganzen Sonnensystem zu verstehen als diejenige ähnlicher Systeme, die wir von außen betrachten. Keine Position hat weder alle Vorteile noch alle Nachteile.

Bei der redlichen Sachlichkeit, die ich anstrebe, fehlt es nicht an Sympathie für das arabische Volk. Doch diese Sympathie ist nicht ausschließlich (Warum sollte sie es auch sein?) und sie bemüht sich, weder voreingenommen noch blind zu sein. Seit fast einem halben Jahrhundert habe ich aus der Nähe die Wechselfälle der Geschichte dieses Volkes verfolgt, in permanentem Kontakt mit Arabern, nachdem ich eine beträchtliche Zeit in ihrer Mitte gelebt hatte. Oft sah ich sie ungerechterweise mißachtet und noch öfter mißverstanden. Das hat mich dazu veranlaßt, sie zu verstehen und verständlich zu machen zu versuchen. Mit anderen Worten, die Mythen anzugreifen, die bei den anderen Völkern zu ihrem Schaden in Umlauf sind.

Aber Verständnis beinhaltet genausowenig Willfährigkeit, Unterwürfigkeit, mit Blindheit geschlagene Liebe wie Böswilligkeit und Herabsetzung. Jedes Volk hat seine Helden und Schurken, seine Weisen und seine Narren; jedes Volk hat seinen Beitrag geleistet zum gemeinsamen positiven Schatz der Menschheit, ebenso wie es kollektiv Schuld, Irrtümer und Verbrechen begangen hat. Ich überlasse den bedingungslosen Sympathisanten und Feinden mit Freude die moralische Befriedigung, die ihnen diese Haltung vermittelt. Sie hat sicher das Verdienst jener heiligen Einfalt, die Johannes Hus auf seinem Scheiterhaufen bewunderte.

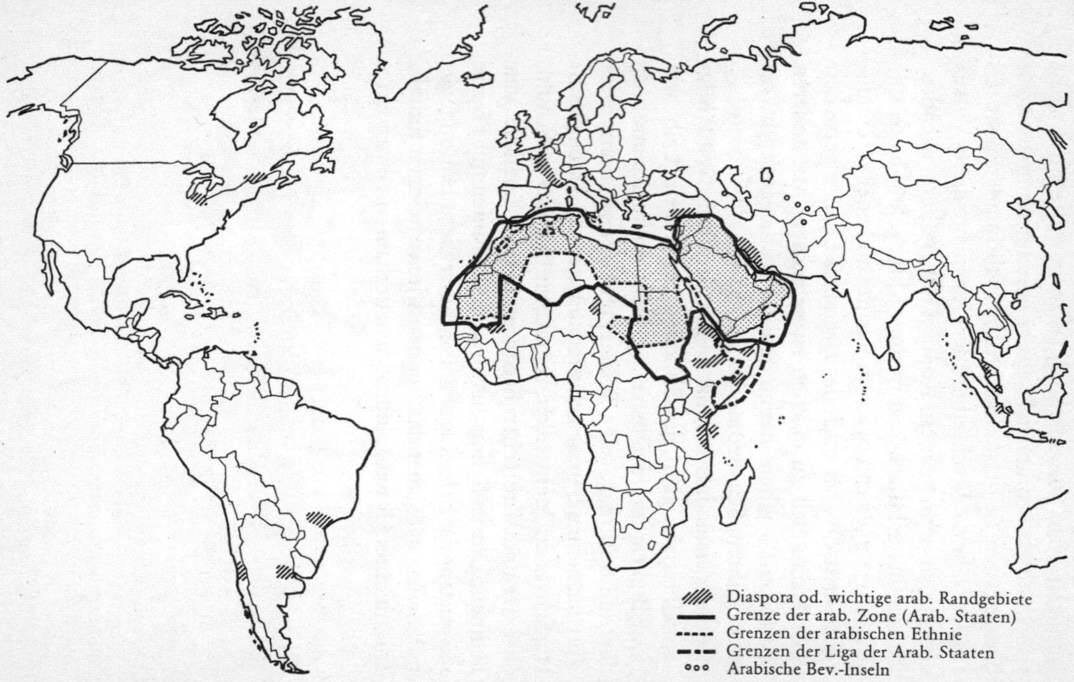
Diaspora od. wichtige arab. Randgebiete
Grenze der arab. Zone (Arab. Staaten)
Grenzen der arabischen Ethnie
Grenzen der Liga der Arab. Staaten
Arabische Bev.-Inseln

## *Kapitel 1*

# Wer sind die Araber?

Auf den ersten Blick ist diese Frage leicht zu beantworten. Die Araber sind ein Volk (Anthropologen nennen es »eine Ethnie« und andere »eine Nation«), das von Marokko bis Mesopotamien reicht und das durch seine wichtige Rolle in der Geschichte sehr bekannt wurde; ein Volk, dessen Wiege Arabien ist, und das seit frühester Zeit von sich selbst und anderen mit diesem Namen bezeichnet wird, und schließlich ein Volk, das Arabisch spricht, eine Sprache aus der semitischen Sprachgruppe. Betrachtet man die Araber als Nation, so handelt es sich dabei nicht um einen Nationalstaat, wie man ihm im westlichen Europa begegnet. Die Menschen arabischer Zunge, die Araber, sind vielmehr Bürger zahlreicher Staaten, von denen ein einziger den Namen »Arabien« trägt, aber mit einem bestimmenden Präfix »Saudi«, das seine Spannweite begrenzt. Einer bestimmten Terminologie zufolge müßte man daher davon ausgehen, daß die Gesamtheit der Araber eine »Nationalität« bildet. Eine starke Bewegung in ihrer Mitte strebt jedoch einen arabischen Nationalstaat nach europäischem Muster an und ver-

*Bemerkung zur Umschrift*

Wir waren bestrebt, das 'ain als (') und hamza als (') wiederzugeben. Es sei vermerkt, daß man sich nicht wundern soll, die gleichen Wörter mit anderer Vokalisation zu finden, und zwar aufgrund der Schwankungen in der Aussprache dieser Laute. Wie wir des öfteren bereits ausgeführt haben, gibt es bei den in Europa bekannten Wörtern Inkonsequenzen in der Orthographie ('Irāq und Irak, Muhammad, Mohammed und Mahomet).

sichert, daß es sich dabei um die Wiederherstellung einer vergangenen Einheit handle.

Sobald man versucht, den Begriff »Araber« genauer zu analysieren, stößt man auf Schwierigkeiten. Das ist im übrigen auch der Fall bei vielen anderen Völkern, aber die Probleme erscheinen hier komplexer als in den meisten anderen Fällen. Wir werden so verfahren, daß wir schrittweise versuchen, sie zu erläutern, indem wir vom Einfachsten und Deutlichsten zum Kompliziertesten vorstoßen.

## Erster Zugang: Die arabische Zone

Gegenwärtig ist das klassische Arabisch, eine genau charakterisierte semitische Sprache, die offizielle, administrative, literarische und kulturelle Sprache zahlreicher Staaten, in denen die Bevölkerung zum größten Teil arabische Dialekte spricht, d.h. eine andere Form der gleichen Sprache. Diese Länder bilden voneinander unabhängige Staaten, die jedoch erklären, der gleichen Nation anzugehören, nämlich der arabischen Nation. Um dies ganz deutlich hervorzuheben, weisen sie in ihrer offiziellen Bezeichnung darauf hin (Arabische Republik Jemen; Syrische Arabische Republik, usw.); oft erklären sie auch in den einleitenden Artikeln ihrer Verfassungen, daß sie einer zwischenstaatlichen Organisation angehören, die den Namen »Liga der Arabischen Staaten« trägt.

Die Länder, die all diese Bedingungen erfüllen, bilden ein zusammenhängendes Ganzes – es wird im folgenden ausführlich behandelt werden –, das sich über ganz Nordafrika erstreckt, über die Arabische Halbinsel und über den westlichen Teil Asiens, den man oft als den »Fruchtbaren Halbmond« bezeichnet. Ihre Einwohnerzahl beträgt ungefähr

150 Millionen (davon ca. 118 Millionen Araber von 124 Millionen auf der ganzen Welt um 1976) und sie verteilen sich auf eine Fläche von ungefähr 13 Millionen qkm. Man kann das ganze Gebiet die arabische Zone nennen. Sie wird begrenzt durch das Mittelmeer, die türkische und iranische Zone, den Indischen Ozean, das Gebiet Äthiopiens und seine Umgebung, die Länder Schwarzafrikas und den Atlantischen Ozean.

## Die Kriterien

### *Die Sprache*

Wie in den meisten Fällen ist das am leichtesten feststellbare Kriterium einer Ethnie (oder eines Volkes) die Sprache. Die arabische Sprache ist – wie wir bereits gesagt haben – eine genau charakterisierte Sprache, die zu der Gruppe der semitischen Sprachen zählt (zusammen mit dem Akkadischen, dem Hebräischen und den anderen sogenannten kanaanäischen und aramäischen Sprachen, den südarabischen Dialekten und den semitischen Sprachen Äthiopiens). Diese Sprachgruppe wiederum ist ein Bestandteil der großen hamitisch-semitischen Sprachfamilie (zusammen mit den berberischen Dialekten, dem alten Lybisch, Altägyptisch und dem Koptischen, das es fortsetzte, den sogenannten kuschitischen Sprachen aus dem äthiopischen Sprachraum und vielleicht einigen anderen).

Wenngleich man die arabische Sprache in bezug auf verwandte Sprachen von heute leicht abgrenzen kann, so ist sie in einer frühen Vergangenheit weniger leicht zu unterscheiden. Man kennt eine Reihe von alten Inschriften (im allgemeinen sehr kurze Sgraffitos), die über die Arabische Halbinsel verstreut sind und die alte Stadien von ihr zu repräsentieren scheinen. Sie sind wie die meisten semitischen Sprachen in rein konsonantischer Schrift geschrieben (die nicht die klassische und gegenwärtige arabische Schrift ist), was nicht erlaubt, gewisse Merkmale zu unterscheiden. Allerdings kann man diese Texte (sprich: Thamudisch, Safaitisch, Lihyanisch) mit der arabischen Sprache verknüpfen. Man erhält dann ein Protoarabisch (Urarabisch); doch es unterscheidet sich von dem Arabischen, das wir kennen. Der auffälligste Unterschied, der sich feststellen läßt, ist derjenige, daß der bestimmte Artikel dort mit dem Buchstaben *h* (zweifelsohne als *ha* zu lesen) gebildet wird, der als Präfix des Nomens auftaucht – wie in den kanaanäischen Sprachen –, während er in allen anderen Varianten des Arabischen als *'al-* erscheint.

Die arabische Sprache kennzeichnet also normalerweise das Volk, die Menschen, die man Araber nennt. Aber dieses Kriterium ist nicht absolut. Lange Zeit hindurch – wir werden es später deutlich sehen – hat man auch unter den Arabern selbst den Namen auf diejenigen beschränkt, die sich tatsächlich oder fiktiv auf einen der Volksstämme zurückführen ließen, die die Arabische Halbinsel und ihre unmittelbare Umgebung vor der islamischen Expansion bewohnten. Es gab aber immer mehr Menschen, die Arabisch sprachen, die »Arabisierten« auf der sprachlichen Ebene, die sich nicht dieses Ursprungs rühmen konnten und die lange nicht als Araber betrachtet wurden, und sich selbst nicht als solche betrachteten. Heute hat die Ideologie des Arabismus das Kriterium der Sprache als allgemeingültig aufgestellt – mit einigen Vorbehalten allerdings, die wir noch aufzeigen werden (s. vor allem den Fall Malta, unten S. 87f.).

### *Kultur und Geschichte*

Eine berühmte Definition des Arabertums wurde von dem bekannten britischen Historiker der Araber und des Islam, H.A.R. Gibb, geprägt. Er schreibt: »Araber sind alle diejenigen, für die das zentrale Ereignis der Geschichte die Mission Muhammads ist und die Erinnerung an das arabische Imperium, sowie alle, die die arabische Sprache und ihr kulturelles Erbe als ihren gemeinsamen Besitz schätzen.«[1]

Diese Definition ist zum Teil gültig; aber sie bringt auch viele Schwierigkeiten mit sich. In unserer Zeit schließt sie diejenigen aus dem Arabertum aus, die aufgrund des Erfolgs der arabistischen Ideologie davon überzeugt wurden, Araber zu sein, ohne sich zum Islam zu bekennen, und zwar an erster Stelle die zahlreichen Christen aus Ägypten und dem Libanon. Es ist wahr, daß ein Teil von ihnen sich selbst nicht als Araber versteht, obwohl Arabisch ihre Muttersprache ist, wie es z.B. heute der Fall bei den Arabisch sprechenden Juden ist. Andere wiederum, die sich als Araber bezeichnen, betrachten trotz ihrer Zugehörigkeit zum Christentum die Mission Muhammads als ein zentrales Ereignis, insofern es die arabische Nationalität begründete, und sie schätzen die arabische Sprache sowie das kulturelle Erbe, das sie vermittelt. Doch ohne diese Werte zu verleugnen, sind für viele die Predigt, der Tod und die Auferstehung Christi bedeutender als das Wirken und die Lehre Muhammads.

Vor allem aber hat diese Definition den Nachteil, daß sie jede Verbindung zwischen dem nachislamischen und vorislamischen Arabertum aufhebt. Das arabische Volk existierte aber bereits vor Muhammad; diese Araber waren Heiden, Christen, Zoroaster, Juden oder Judenchristen. Muhammad selber verstand sich als Prophet, der vor allem zu den Arabern gesandt wurde, und wandte sich somit an ein Volk, das vor ihm existierte. Die Definition von Gibb müßte also mindestens durch eine andere ergänzt werden, welche die vorislamischen Araber definiert.

Auf der anderen Seite betrachten alle nichtarabischen Mohammedaner (die mit Sicherheit fast $^4/_5$ der islamischen Gemeinschaft ausmachen) die Mission Muhammads prinzipiell als ein zentrales Ereignis der Geschichte. Die meisten verehren auch die arabische Sprache – wenn sie sie auch nicht kennen – als Sprache der Offenbarung, kurz als Sprache Gottes. Die Religionsgelehrten benützen sie und schätzen ihre Literatur. Es ist bezeichnend, daß man in Pakistan (einem Staat, der die muslimische Religion als seine Grundlage betrachtet) das Projekt diskutiert hat, die arabische Sprache als Landessprache einzuführen. Und doch betrachten sich all die Perser, Türken, Malaien, Indonesier usw. nicht als Araber und werden auch nicht für solche gehalten – einige Ausnahmen davon müssen später erwähnt werden.

Wenn Gibb von einem geschätzten kulturellen Erbe spricht, denkt er in einem elitären Sinn nur an die hohe intellektuelle und künstlerische Kultur. Aber es handelt sich hier um Phänomene, die Millionen von Menschen betreffen, von denen die meisten vor nicht allzu langer Zeit – hier wie auch woanders – Analphabeten waren. Man sollte daher dem Kulturbegriff der Anthropologen Rechnung tragen, wonach Kultur die Summe von Verhaltensweisen ist, die eine Gesellschaft erworben und überliefert hat, und zwar mit all ihren Auswirkungen: technisch-handwerkliche Verhaltensweisen beispielsweise (einschließlich der Körpertechniken), wirtschaftliche, kognitive und künstlerische Ausdrucksformen (einschließlich der bescheidensten und spontansten Äußerungen ästhetischer Impulse), rechtliche

Praktiken im weitesten Sinne des Wortes (Art und Weise der Gruppenbildung, Verwandtschaftsbeziehungen usw.), ideologische Verhaltensformen (vor allem die Religion in den vormodernen Gesellschaften), usw. Die Geschichte ist ebenfalls ein kulturelles Phänomen in dem Sinne, als das, was zur Sicherung des Zusammenhalts eines Volkes oder einer Gruppierung wichtig ist, weniger die Summe der Ereignisse in ihrer faktischen Realität ist als vielmehr das von der Gesellschaft geprägte und überlieferte Bild, das die Gruppe davon bewahrt.

Was die Araber betrifft, muß man vom kulturellen Standpunkt aus Epochen und Situationen unterscheiden. Da gibt es zunächst den Kern des heutigen Volkes, die Araber Arabiens, die einzigen, von denen vor dem Islam die Rede ist; allerdings schon mit einer Diaspora vor allem in den angrenzenden Gebieten und in dem Maße, in dem die Verschmelzung mit den Nachbarvölkern nicht ganz verwirklicht wurde. Diese Araber Arabiens, von denen man vor dem Islam die Südaraber unterscheiden muß – wir werden es später sehen –, hatten (und haben noch in großem Maße) eine gemeinsame Kultur, analoge gesellschaftliche Verhaltensweisen, die sie von den Nachbarvölkern unterscheiden. Diese versäumten nicht, die Verhaltensweisen zu beobachten und aufzuschreiben. Es gab also eine Einheit dieser arabischen Kultur, die sich in Saudi-Arabien mehr oder weniger erhalten hat.

Die großen arabischen Eroberungen des 7. und 8. Jahrhunderts haben einen großen Teil der Volksstämme Arabiens über einen sehr weiten Raum verstreut, vom Indus bis zu den Pyrenäen. Zu dieser Zeit beherrschten die Araber ein überaus ausgedehntes Imperium, das von zahlreichen Völkern bewohnt war: von romanisierten Iberern, Goten aus Spanien, Berbern, Ägyptern, Syrern, Mesopotamiern, Iranern usw. Ein Teil dieser Stämme hat das Hirtenleben beibehalten, das sie auf der Arabischen Halbinsel führten und folglich vieles von der ursprünglichen Kultur. Andere, die diese Lebensweise aufgaben, nahmen viele kulturelle Errungenschaften der Völker an, bei denen sie lebten, und mit denen sie sich vermischten. Und diese Völker paßten sich ihrerseits weitgehend den Arabern Arabiens an, »arabisierten« sich, indem sie (zumindest viele von ihnen) deren Sprache, deren neue Religion und einen Teil von deren Traditionen annahmen. Einige – daran muß immer wieder erinnert werden – wurden islamisch, ohne sich sprachlich zu arabisieren (wie die Iraner und später die Türken); andere übernahmen die arabische Sprache, ohne zum Islam überzutreten (wie ein mit der Zeit allmählich geringer werdender Teil von Christen und Juden).

Das Ergebnis dieses langsamen Prozesses der teilweisen Fusion, der je nach Region unterschiedlich verlief, ist das gegenwärtige arabische Volk, das zum großen Teil aus früher oder später Arabisierten zusammengesetzt ist, wenn sie auch – wie in vielen Fällen – glauben, von den Arabern Arabiens abzustammen. Doch die kulturellen Verhaltensweisen der Völker, die ursprünglich nicht arabisch waren, haben weitgehend überlebt, zwar in arabischer Sprache vermittelt und in den meisten Fällen vom sakralisierenden Mantel des Islam bedeckt, durchsetzt mit den ursprünglich arabischen Traditionen Arabiens. Es ist z.B. sehr leicht, die vom alten Ägypten überlieferten Verhaltensweisen im heutigen arabisierten Ägypten nachzuweisen, genauso wie auch aramäische Elemente in der heutigen arabischen Kultur des »Fruchtbaren Halbmonds« nachweisbar sind.

Man sieht also, daß man die naive und sehr verbreitete Ansicht aufgeben muß, nach der sich eine arabische Zivilisation oder Kultur, die in Arabien entstanden ist, im Zuge der Eroberungen auf weite Flächen des Planeten ausgebreitet habe, und zwar genauso wie sie ursprünglich war oder nur mit geringfügigen Zusätzen und Modifikationen. Die Tatsachen waren viel komplexer. Die Zivilisation der arabisierten Länder setzt nur zum Teil die vorislamisch-arabische Kultur fort. Sie bildet vielmehr seit dem Hoch-Mittelalter eine neue Synthese, in die das Erbe der alten Kulturen des Vorderen Orients, die bereits im Schoße der alten Reiche vermengt, vermischt und teilweise modifiziert wurden – nicht zuletzt durch 1000 Jahre Hellenisation –, zu einem großen Teil eingegangen ist.

Eine Kultur kann in kulturelle Merkmale zerlegt werden, deren territoriale Grenzen veränderlich sind. Auf der Ebene der volkstümlichen, alltäglichen, praktischen Kultur sind die kulturellen Merkmale, die man in der gesamten gegenwärtigen arabischen Welt feststellen kann, verschieden und sie haben Grenzen, die dieses Gebiet häufig unterteilen und die andere, außerhalb gelegene Regionen einschließen. Die Ernährung beispielsweise ist in den verschiedenen arabischen Gegenden unterschiedlich, wenn auch die Franzosen, die den Maghreb ein wenig kennen, meistens annehmen, daß die Araber des Nahen Ostens ihren Gaumen ebenfalls mit Kuskus und Pfefferminztee kitzeln. Mögen auch die Verhaltensformen im Bereich des Familienlebens weitgehend übereinstimmen, so werden sie aber genauso in nichtarabischen muslimischen Regionen praktiziert.

Im Gegensatz dazu zeigt die höhere Kultur, diejenige der Elite, eine größere Einheit, und hier gewinnt die Definition von Gibb z.T. ihre Gültigkeit. Die Elite vereint sich in der gleichen Verehrung der arabischen Geschichte, der arabischen Literatur (einschließlich der Literatur der ersten Periode, die von den Arabern Arabiens vor dem Islam stammt) und der klassischen arabischen Sprache. Diese Verbundenheit und diese intellektuelle Kultur, die meist mit den Traditionen des Islam in Zusammenhang steht, der sie sogar in ihren nichtislamischen Ursprungselementen heiligt, haben eine starke einigende Wirkung. Diese Wirkung hat sich selbst auf die Massen ausgebreitet aufgrund des Prestiges der Elite in einer hierarchisierten Gesellschaft und des ideologisch geheiligten Charakters alles dessen, was mit dem Islam verbunden ist.

### *Das Bewußtsein des Arabertums*

Das wichtigste Kriterium ist zweifellos das Bewußtsein der arabischen Identität. Nicht als wolle man hier auch nur annähernd das nationale oder ethnische Phänomen auf die Psychologie reduzieren. Dieses Bewußtsein schwebt nicht in der Luft, sondern resultiert aus konkreten Situationen. Aber das Auftreten eines Bewußtseins der ethnischen oder nationalen Identität ist das Zeichen einer bedeutenden Entwicklung dieser Situationen, deren Wirkung erst durch das Bewußtsein spürbar wird.

Aber das Problem ist nicht einfach. Zunächst müssen wir uns fragen: um wessen Bewußtsein handelt es sich? Dann ist folgendes zu berücksichtigen: manche fühlen sich als Araber (oder als etwas anderes), ohne daß die ihren oder Außenstehende (jedenfalls nicht alle) diesem Urteil zustimmen (das ist der Fall zahlreicher Christen vor allem in der Vergangenheit und einer Reihe von Juden – auch in der Gegenwart – in den Augen eines Teiles der öffentlichen arabisch-muslimischen Meinung). Andere hingegen betrachten sich als Nichtaraber und werden von außen (vor allem von den arabischen Nationalisten) als Araber bezeichnet (das ist der Fall zahlreicher Berber und des größten Teiles der Kurden).

Es gibt sogar noch komplexere Fälle. Das gleiche Individuum oder die gleiche Gruppe kann seine Meinung ändern bei der Beurteilung seiner selbst oder anderer. Zu Unrecht würde man sich darüber in Frankreich wundern, wo zahlreiche Bretonen und Basken, Bewohner Okzitaniens und Korsen, die sich als Franzosen betrachteten, Kinder und Nachkommen von eifrigen Bekennern ihrer Zugehörigkeit zu Frankreich, plötzlich eine andere Identität entdecken, und sie manchmal sogar mit dem Schrei »Franzosen hinaus!« manifestieren. Über diese grundsätzliche Frage hinaus muß auch bedacht werden, daß es verschiedene Formen gibt, unter denen die Identität betrachtet und gefordert wird. Diese Formen haben sich im Laufe der Geschichte verändert und eine unterschiedliche Intensität aufgewiesen. Die geschichtlichen Fakten reichen nicht aus, um mit Sicherheit alle Stufen dieser Entwicklung zu verfolgen.

Haben sich die Stämme des alten Arabiens mit arabischer bzw. protoarabischer Sprache eine gemeinsame Identität zuerkannt? Bezeichneten sie sich als »Araber«? Wir wissen lediglich, daß ihre nördlichen Nachbarn im 1. Jahrtausend v. Chr. eine Gruppe von Stämmen der nördlichen Halbinsel so bezeichneten; und zwar mit dem Namen *Aribi, Arabi, Arubu, Urbu* auf Akkadisch und *'Arab* auf Hebräisch. Zum ersten Mal taucht dieser Begriff in einem Text des assyrischen Königs Salmanassar III. auf. Er besiegte zu Karkar in Syrien im Jahre 853 v. Chr. eine Koalition von Königen aus Syrien und Israel mit 1000 Kameltreibern »aus Gindibu, dem Land der Arbāi«.

Die Etymologie des Wortes ist – wie es bei vielen Volksnamen der Fall ist – unklar. Die verführerischste These bringt ihn in Zusammenhang mit einem semitischen Namen der Steppe, der unter anderem die Senke bezeichnet, die sich im Süden des Toten Meeres ausbreitet, die *'Arabah*.

Die Bedeutung des Wortes hätte dann nach und nach eine Erweiterung erfahren (vergleiche: Deutschland und Palästina). Ferner hat man an eine semitische Sprachwurzel gedacht, die ein ungeordnetes Ganzes bezeichnet. Demnach hätten die Nomaden stolz eine Bezeichnung aufgegriffen, mit der andere sie benannten und damit in einen Gegensatz setzten zu der Welt, die von Seßhaften unterworfen und organisiert war.[2]

Möglicherweise haben die Griechen, die auf die Perser[3] folgten, den Namen auf die ganze Halbinsel ausgedehnt. Für Herodot (III, 107) ist Arabien das letzte bewohnte Land im Süden und alle seine Bewohner sind Araber.

Die Südaraber betrachteten sich dennoch nicht als solche. Als Ackerbau Betreibende und Städter, die geordnete Gemeinwesen mit komplexen Strukturen bildeten und mit perfektionierten Techniken ausgestattet waren, nannten sie nur die nomadisierenden Hirten aus dem Norden und der Mitte des Landes Araber, die arabisch oder protoarabisch sprachen. Sie selbst sprachen eine verwandte semitische Sprache, die sich von jener Sprache unterschied. Es ist höchstens möglich, daß sie eine Verwandtschaft mit diesen »wilden« Arabern annahmen, die sie mehr oder weniger verachteten.

Die Gruppen, die arabische und südarabische Dialekte sprachen, sollen nach den zur Zeit favorisierten Hypothesen im Laufe des 2. Jahrtausends aus dem Norden gekommen sein. Sie hätten sich allmählich an die dort vorgefundene Bevölkerung angepaßt, deren Angedenken die arabischen Legenden noch bewahren. Dabei handelte es sich um sehr verstreut lebende Stämme, die lediglich Steinwerkzeuge als Spuren hinterließen und höchstens noch einige Felszeichnungen und Ortsnamen. Bei ihnen war der Esel – vor dem Kamel – das übliche Reittier.

Die erste Inschrift in reinem Arabisch ist der Grabstein von Nemāra am Rande der syrischen Wüste. Der König Imru l-qais, der im Jahre 328 unserer Zeitrechnung gestorben ist, ruft sich darin zum »König aller Araber« aus; doch wissen wir nicht, was er genau darunter verstand.

Erst für das 6. Jahrhundert unserer Zeitrechnung verfügen wir über eine unerschöpfliche autochtone Dokumentation, die uns die vorislamische Dichtung in arabischer Sprache liefert. Das Wort »arabisch« ist darin kaum benutzt, aber der Begriff war bekannt, wie die Ableitungen bezeugen. Man benutzte ihn, um die Stämme gleicher Kultur und Sprache anderen ethnischen Gruppen gegenüberzustellen.[4]

Die Stammesgenealogen stellten sicher schon Stammbäume in der Art her, wie sie in diesen komplexen Gesellschaften semitischer Sprache üblich waren. In diesen künstlichen Systemen, die sich oft änderten, wurde beispielsweise der Zusammenschluß von zwei Stämmen dargestellt, indem man ihre Vorfahren der gleichen Zeit als Brüder betrachtete. Solche Theoretisierungen, die die gesamten arabischen Stämme einbezogen, sind uns erst seit nachislamischer Zeit bekannt. Mindestens eine davon behauptete, daß die ersten Bewohner Arabiens – die »verschwundenen Araber« (*al-'Arab al-bā'-ida*) mit Namen oder sogar die »wirklichen Araber« (*al-'Arab al-'āriba*) genannt – alle lange vor dem Islam verschwunden sind.

Noch später reihte man alle Stämme Arabiens, einschließlich der Südaraber, die bereits voll und ganz arabisiert waren, in das biblische Schema des 10. Kapitels der Genesis ein. Demnach setzten sie sich aus zwei Linien zusammen: die Stämme des Nordens und der Mitte hätten zum Vorfahren 'Adnān, den Nachkommen Ismaels, Abrahams Sohn. Das sollen paradoxerweise die »arabisierten Araber« sein (*muta'arriba* oder *musta'riba*), während man als

»wahre Araber« (*al-'āriba* oder *al-'arbā'*) die Südaraber bezeichnete, von denen man annahm, daß sie Nachfahren Qaḥtāns seien, identisch mit dem biblischen Joktan, dem direkten Nachkommen Sems, dem Sohn des Noah. Diese Einstufung spiegelt die Kämpfe um Prestige und Macht in den ersten Jahrhunderten des Islam. Mit unseren heutigen Kenntnissen würden wir eher den gegenteiligen Standpunkt unterstützen. Doch diese Systeme wiesen zahlreiche Varianten auf.

Das Wort »Araber« hat übrigens auch immer eine Nebenbedeutung besessen, welche die Lebensart betraf. Aus dieser Sicht ist es die Bezeichnung für einen nomadisierenden Hirten, der arabisch spricht, einen Beduinen also. Die einzige Wortform, die vom Koran beglaubigt wird (außer der Bezeichnung für die Sprache), ist *al-A'rāb*, eine Dublette des allgemeinen ethnographischen Begriffs (al-'Arab), der ausschließlich die Beduinen bezeichnet.

Zur Zeit des Propheten existierte also in sämtlichen arabisch-sprechenden Stämmen ein sehr diffuses ethnisches Selbstbewußtsein, das sich auf die Sprache und auf die gemeinsamen kulturellen Merkmale gründete. Höchstwahrscheinlich nahm man für die Südaraber eine sehr nahe Verwandtschaft mit der »arabischen« Gemeinschaft an, die sich als ein Ganzes von den »Fremden« (al-'Ajam) absetzte. Diese moralische Beziehung wurde verstärkt durch die großen Märkte, die oratorischen und literarischen Kampfspiele zwischen den einzelnen Stämmen, die Heiligtümer, zu denen viele wallfahrteten, und andere zwischentribale Institutionen (heilige Waffenruhe, Kalender usw.).[5]

Von (ungefähr) 613 bis 632 appellieren Muhammad und seine Propagandisten mehr und mehr an ein gemeinsames Nationalgefühl, um die Araber der neuen Doktrin zuzuführen, die zwar allgemeingültig ist, aber in einer spezifischen

Form verkündet wird, die sich insbesondere an die Araber richtet. Der offizielle Dichter Muhammads lud im Jahre 9 der Hedschra (630–31) eine Delegation des Stammes Tamīm ein, zum Islam überzutreten, indem er (unter anderem) folgenden Vers deklamierte:

»Stellt niemanden Gott gleich, werdet Mohammedaner!
Kleidet euch nicht mehr nach der Mode der Fremden!«[6]

Die Eroberungen der Nachfolger des Propheten bilden ein riesiges Reich, in dem die dominierende Klasse Araber sind und bleiben sollen. Diese Klasse ist auch muslimischer Religion, was ihr Unterscheidungsmerkmal ausmacht. In der Masse der unterworfenen Völker können die Christen, die Juden und einige andere ihre Religion beibehalten, indem sie eine besondere Steuer bezahlen. Das wird gerechtfertigt durch deren Monotheismus, einer grundsätzlich richtigen Doktrin, deren Dogmen aber überholt worden sind durch den Islam und deren heilige Bücher teilweise widerlegt wurden. Die Araber jedoch müssen notwendigerweise Mohammedaner sein.

Unter den Omajjaden (660–750), die dieses arabische Imperium beherrschen, kann man sich der herrschenden Klasse anschließen, indem man sich einerseits zum Islam bekennt und andererseits indem man sich arabisiert, das heißt, sich einem arabischen Stamm als Schutzbefohlener anschließt. Allerdings werden die Konversionen begrenzt, um die herrschende Klasse nicht übermäßig zu vergrößern, was zur Folge hätte, daß sowohl die allgemeinen Einkünfte als auch der Teil, der einem jeden zukommt, sich verringerten.

Doch diese Beschränkungen können nicht endlos aufrechterhalten werden. Wenn der Islam die Wahrheit ist, die Gott geoffenbart hat, erscheint es skandalös, ihn einem Teil der Menschen vorzuenthalten. Die Araber sind lediglich seine Verbreiter.

Die Islamisierung breitet sich also aus, ohne immer eine Arabisierung zur Folge zu haben. Perser, Türken, Berber werden muslimische Gläubige, ohne Araber zu werden, und unter Beibehaltung ihrer Sprachen, auch wenn Arabisch die liturgische, intellektuelle und wissenschaftliche Sprache ist, die ihre Gelehrten gelegentlich benutzen, vor allem in ihren Schriften.

Unter dem abbasidischen Imperium (nach 750) verschwanden die hauptsächlichen arabischen Privilegien. Jetzt hat man es mit einem muslimischen Staat zu tun und nicht mehr mit einem arabischen. Heterogene muslimische Ethnien koexistieren in diesem Reich und in den Staaten, die durch seine Zerstückelung entstehen: Araber, Türken, Perser, Berber usw.

Von dieser Epoche an erreicht der Unterschied zwischen den Arabischsprechenden im allgemeinen und der Volksgruppe, die man als arabische Ethnie bezeichnen kann, ihren Höhepunkt. Allmählich spiegeln die Bezeichnungen diesen Unterschied. Mehr und mehr nennt man Araber ausschließlich die Beduinen, die (wenigstens historisch und oft fiktiv) die Lebensart der Nomaden des alten Arabien teilten: die Nachkommen der herrschenden arabischen Kaste des Omajjadenreiches mit ihrer Klientel, die sich den alten Stämmen angegliedert hatten, diejenigen, die (und von denen man) keine Erinnerung an einen anderen Ursprung bewahrten – übrigens alle Muslime. Man benutzte bald für die Masse der Seßhaften, die arabisch sprach und unterschiedlicher Herkunft war, Seßhafte aus Städten oder vom Land, oft vermischt mit Anderssprachigen, die keinen Anspruch auf eine Angliederung an die Stämme Arabiens in der Vergangenheit anmeldeten, den Ausdruck *awlād al-ʿArab* (oder *abnāʾ al-ʿArab*), »Kinder oder Nachkommen der Araber«.[7]

Eines der Kriterien dieses Arabertums, primär oder sekundär, war (mit einigen Vorbehalten zweifellos) die muslimische Religion. Die Christen aus Ägypten, bei denen der Gebrauch der koptischen Sprache allmählich zugunsten des Arabischen zurückging, die christlichen Bauern des »Fruchtbaren Halbmonds«, die auch nach und nach das Aramäische gegen das Arabische eintauschten, und die Juden, die gewöhnlich arabisch sprachen, wurden im allgemeinen weder als Araber noch als Nachkommen der Araber angesehen. Selbst wenn sie bereits zum Islam übergetreten waren, wobei sie oft noch lange Zeit einen gewissen Zusammenhalt und bestimmte Eigenarten bewahrten, benutzte man noch vielfach, um sie zu benennen, einen Beinamen, der ihre ursprüngliche Glaubenszugehörigkeit anzeigte.[8]

Zwischen den verschiedenen ethnischen Gruppen dieser Gesellschaft, die im höchsten Maße zusammengesetzt ist, machen sich bald Rivalitäten bemerkbar. Wir kennen sie fast ausschließlich unter ihrem literarischen Aspekt. Eine ganze Literaturgattung rühmt die Vorzüge und zählt die Fehler der einen oder anderen Gruppe auf. Sie bilden oft Cliquen im Kampf um das Monopol auf eine bestimmte Kategorie von Verwaltungsstellen. In der abbasidischen Epoche greift eine literarische Bewegung, vor allem persischer Herkunft, die sogenannte Partei der *shu'ūbiyya*, die arabische Vorherrschaft an. Andere Schriftsteller antworten ihr. Aber bei der Beschreibung der Laster der Araber oder ihrer Verdienste handelt es sich immer um die Araber Arabiens, die Menschen, die den Stämmen der Halbinsel zugehören. Die Awlād al-'Arab werden dabei nicht berücksichtigt. Übrigens sind viele Anti-Araber arabisierte Iraner, für die man manchmal die Bezeichnung *muta'arriba* hört, die früher für die Stämme reserviert war, von denen man glaubte, daß sie von 'Adnān[9] abstammen. Die ethnische Gruppe, die selbst das Bewußtsein des Arabertums hat und von den anderen als Araber betrachtet wird und die von einem großen Teil der Gesellschaft durch die Schriftsteller angegriffen wird, läßt sich also nicht durch den Gebrauch der arabischen Sprache identifizieren. Ebenso gibt es bei den Persern und Türken, die von sich selbst und den anderen als solche eingeschätzt werden, einen großen Anteil Arabisierter.

Auf jeden Fall gibt es in dieser Epoche und noch lange Zeit hindurch keine Anzeichen für die moderne Idee eines Nationalstaates, in dem die Regierenden aus der gleichen Ethnie stammen sollten wie die Regierten. Der Tradition folgend, die von dem christlichen römischen Reich hinterlassen wurde, beruhte die Einheit des Staates auf der religiösen Ideologie der dominierenden Klasse. Die Untertanenpflicht galt dem Staat, der Dynastie oder den verschiedenen lokalen Gruppen, den Stämmen, Dörfern, Städten und Stadtteilen sowie den religiösen Gemeinschaften.

Aus dieser Situation erwächst im Grunde genommen das mangelnde Interesse dieser ganzen Periode für den Begriff der ethnischen Zugehörigkeit und für genaue Bezeichnungen, die sie angeben. Die Bewohner der Städte sind im allgemeinen *al-hadar*, die Seßhaften, was auch immer ihre Sprache oder ihr Ursprung sein mag. Die Araber sind die Nomaden, deren eigentliche Heimat die Wüste ist, oder diejenigen, die ihre Lebensgewohnheiten beibehalten haben. Der bedeutende Soziologe und Historiker Ibn Khaldoun (1332–1406), der in Tunis geboren wurde und aus einer Familie kommt, die ursprünglich aus Arabien stammt und die mit den Eroberern nach Spanien kam, also ein echter Araber im Sinne der modernen Anschauungen, spricht wohl oft von den Arabern als dem Volk der Eroberer, aber im allgemeinen identifiziert er sie auch verächtlich mit den ungebildeten Nomaden im Stadium einer Stammesgesellschaft, die von Natur aus Zerstörer sind. Von daher versteht man sein bekanntes Wortspiel über die Länder, die die Araber eroberten (*al-ʿArab*) und die sofort die Verwüstung ereilt (*al-kharāb*).[10]

Die Ausdehnung des Begriffs Araber auf alle, die die arabische Sprache sprechen, ist nur sehr langsam vorangegangen. Es ist wahrscheinlich, daß sie zunächst in den Gebieten begann, wo sie Fremde waren. So hatten die wenigen Ägypter, Syrer und Iraker, die im 16. Jahrhundert in Istanbul als Bauarbeiter oder Keramiker arbeiteten und fast alle in einem Stadtteil lebten, eine Moschee für sich, die man *Arab djāmiʿi* (die Moschee der Araber) nannte.[11]

Die Dinge begannen sich erst im 18. Jahrhundert wesentlich zu verändern. Seit dem 16. Jahrhundert beherrschte das ottomanische Imperium fast alle arabisch sprechenden Gebiete. Wie seine Vorgänger, die nahöstlichen Staaten, war es nicht auf die Nationalität, sondern auf die Religion gegründet. Es war ein muslimischer Staat, in dem grundsätzlich alle freien Muslims auf der Basis der Gleichheit die Klasse der privilegierten Untertanen bildeten. Die Sultane waren Türken, doch sie regierten mit Hilfe von Sklaven der verschiedensten Herkunft. Im 18. Jahrhundert jedoch wird der Staat mehr und mehr nur von freien Türken regiert, und die muslimischen oder nichtmuslimischen Untertanen fühlen sich immer mehr vom türkischen Element beherrscht. Das deutliche Nachlassen der Kontrolle seitens der zentralen Staatsgewalt in den verschiedenen Provinzen räumte den lokalen Eliten in allen Regionen einen großen Machtzuwachs ein, vor allem den Ulemas (*ʿulamā*), den Religionslehrern, und unter und neben ihnen den *ashrāf-s*, das sind diejenigen, die vorgeben, vom Propheten selbst abzustammen, und die demzufolge einer besonderen Verehrung teilhaft werden. Sie alle rühmten sich ihres arabischen Ursprungs sowie ihrer Kenntnis der arabischen Sprache, und ihr natürliches Streben nach einer gewissen Autonomie machte sich diesen Faktor zunutze gegen die türkische Vorherrschaft. Sie suchten bei den Massen ihrer Region die Unterstützung, die sich normalerweise auf ihre angebliche gemeinsame Herkunft stützte. In den Städten, den Stützpunkten dieser neuen Macht, hatten sich die Angehörigen arabischer Stämme seit langem mit den sogenannten Arabisierten vermischt, und alle Muslims arabischer Zunge hielten sich für Araber, obgleich sie ihre Mißachtung und Feindschaft den nomadisierenden Beduinen gegenüber – die als Araber bezeichnet wurden – aufrechterhielten, deren verheerende Übergriffe die Schwäche des Staates unterstrichen. Außerdem gaben die Christen der arabischen Länder, die wie auch die Juden durch die Entwicklung des Handels vor allem mit Europa reich und wohlhabend geworden waren, schließlich ihre ehemaligen Sprachen zugunsten des Arabischen auf, sogar in ihrer Liturgie. Das Papsttum unterstützte ihre Bildung und versorgte vor allem die mit Rom unierten Kirchen mit Druckereien, Seminaren und Schulen. Sie begannen, die arabische Literatur zu studieren, nahmen die Lehren muslimischer Gelehrter zur Kenntnis und knüpften mit ihnen enge Kontakte. Mehr und mehr fühlten sie sich als Araber.[12]

Unter diesen Voraussetzungen erhielten die zentrifugalen lokalen Revolten und Aufstände einen antitürkischen Charakter. Das ist der Fall des Wahhābismus, einer grundlegenden religiösen Reformbewegung, in dem aber auch zentrifugale politische Tendenzen ihren Niederschlag fanden, und die zwangsläufig die Form eines arabischen Staates annahmen (1744–1818). Als Ibrāhīm, der Sohn Muhammad ʻAlis, des Paschas von Ägypten, für seinen Vater Arabien (1816) und die arabischen Länder Syrien-Palästina (1832–1840) erobert hatte, wurde für ihn und für viele europäische Politiker – vor allem in Frankreich – die Idee eines großen arabischen Staates verwirklicht, die er hegte, obwohl er selbst albanischer Herkunft war.[13] Die Revolte der Griechen, die sich vom osmanischen Imperium loslösen (1821–1829), dient zunächst den christlichen Nationalitäten des Imperiums als Vorbild; aber nach und nach schafft sich die Idee einer Nation, die auf eine ethnisch-sprachliche Zugehörigkeit gegründet ist, Platz in den Köpfen. Man gewöhnt sich so im 19. Jahrhundert – zuerst bei den Christen – an die Vorstellung einer arabischen Nationalität, die ein Recht auf ein Minimum an politischer Autonomie hat. Das Bewußtsein des Arabertums wird immer ausgeprägter und verdrängt mehr und mehr das auf die Religion begründete Zusammengehörigkeitsgefühl.

Wir werden später auf die zeitgenössische Entwicklung des Begriffs Arabismus zu sprechen kommen, anders formuliert auf den modernen Typus des Nationalismus, der sich auf das Bewußtsein des Arabertums gründet. In diesem Zusammenhang genügt es, seine komplexe Herkunft aufzuzeigen. Das Kriterium einer ethnischen Identität – die Zugehörigkeit zu einer weitverbreiteten Gruppe mit einer angenommenen gemeinsamen Herkunft, die sich durch den Namen und gemeinsame kulturelle Merkmale auszeichnet und die durch die Gemeinsamkeit der Sprache abgegrenzt wird – besaß im Altertum und in den Anfängen des muslimischen Imperiums eine überragende Gültigkeit. Eine ethnisch-nationale Ideologie lieferte den Angehörigen einer desorganisierten Völkerschaft ihren Zusammenhalt.[14] Eng verknüpft mit der universellen religiösen Ideologie des Islam, trug sie zu seinem Erfolg bei und identifizierte sich eine Zeitlang mit ihm. Doch diese religiöse Ideologie, die sowohl einem Imperium als auch zahlreichen Staaten mit unterschiedlichen Ethnien als Bindemittel diente, führte dazu, die national-ethnische arabische Ideologie zumindestens einzuschränken, wenn nicht auf einen latenten Zustand zu reduzieren. Sie existierte weiter in dieser untergeordneten Weise und konnte sich lediglich auf einen Teil ihrer Basis stützen: auf die gemeinsamen kulturellen Merkmale, die sich auf die Lebenshaltung der Beduinen gründeten, die als Norm galt, auch wenn man sich davon abwandte, und auf den Ruhm einer gemeinsamen herausragenden Geschichte. Zu diesen gemeinsamen kulturellen Merkmalen zählte die Zugehörigkeit zum Islam, dem Glauben, der in der Nation und durch sie geboren wurde. Die andere gewöhnliche Grundlage der ethnisch-nationalen Ideologie, die Sprache, spielte hauptsächlich eine negative Rolle, indem sie im allgemeinen diejenigen Gruppen aus der ethnischen Identität eliminierte, die eine analoge Lebensführung hatten, aber nicht Arabisch sprachen. Sie genügte aber nicht, wenn es darum ging, Nichtmuslims in diese Völkerschaft aufzunehmen oder sogar Arabisierte (die manchmal sogar von arabischer Abstammung waren) und die sich in der besagten Lebensführung sehr von ihnen unterschieden. Es bedurfte erst des weltweiten Einflusses der national-ethnischen Ideologien mit ihrer sprachlichen Abgrenzung, der Tendenz der Säkularisation und last not least des Aufkommens einer interkonfessionellen Bourgeoisie arabischer Sprache mit gemeinsamen Interessen, für die sie in einem mehr oder weniger gemeinsamen Kampf engagiert waren, um zu der (vielleicht nur zeitweisen) Vorherrschaft einer ethnisch-nationalen Ideologie zu gelangen, deren Unterscheidungsmerkmal die Sprache ist (mit den Vorbehalten, die wir noch sehen werden) und die sich die Schaffung eines Nationalstaates zum Ziel setzt.

## Die falschen Kriterien

### *Der Islam*

Die Geschichte kennt die arabische Ethnie seit neunundzwanzig Jahrhunderten. Während der ersten fünfzehn Jahrhunderte folgte sie dem Heidentum, dem Judentum, dem Mazdaismus und vor allem dem Christentum. Andererseits sind heute von insgesamt 550 Millionen Muslims (?) ungefähr 125 Millionen Araber. Mehr als ¾ der Muslims gehören folglich anderen Völkerschaften an und sprechen andere Sprachen. Diese Tatsache würde ausreichen, um die allgemeine Verwirrung in Europa zu verurteilen, die oft beide Konzepte identifiziert. Es ist schon vorgekommen, daß in der Presse den Arabern das Verhalten der Indonesier oder der Pakistani vorgeworfen wurde.

Diese Verwirrung wird unter anderem von dem heutigen Modewort »arabisch-muslimisch« unterstützt. Wenn diese Formulierung einen Sinn haben soll, so lediglich, um die enge Konvergenz zwischen dem ethnisch-nationalen und dem religiösen Faktor aufzuzeigen und auf diese Weise *bei den Arabern* eine psychische Gestalt historisch zu bestimmen, die man mit Hichem Djaït die »arabisch-islamische Persönlichkeit« nennen kann.[15] Der Erfolg dieses Ausdrucks wurde vor allem in Frankreich durch die Vertrautheit mit den Verhältnissen im Maghreb gefördert, wo die beiden Begriffe (fast) Synonyme sind wegen der Abwesenheit von Christen arabischer Sprache, die im Vorderen Orient zahlreich sind; diese Bezeichnung läßt sich nur benutzen, wenn sie genau definiert wird.

Unter dieser Voraussetzung ist es wahr – wie wir bereits

sahen –, daß die arabische Ethnie eine besonders enge Beziehung zum Islam hat. Der Prophet des Islam, der sich an alle Menschen wandte, war ein arabischer Prophet. Die arabische Ethnie war zugleich der Kern und der Verbreiter des Islam. Der Koran, Gottes Wort, ist in arabischer Sprache offenbart und geschrieben, so daß die Muslims Arabisch als die Sprache Gottes ansehen. In der ganzen muslimischen Welt lernen die Gebildeten Arabisch, unter anderem die Sprache der Theologie. Viele Analphabeten lernen den Koran in Arabisch auswendig, ohne ihn zu verstehen. Theoretisch ist es verboten, ihn zu übersetzen. In gleicher Weise wie das Christentum in den verschiedensten Sprachen eine Menge griechischer und lateinischer intellektueller Vokabeln einführte, hat der Islam in einem riesigen Sprachgebiet zahlreiche arabische Termini ähnlicher Natur verbreitet.

Es ist auch nicht sicher, ob die Entwicklung des 19. und 20. Jahrhunderts, die die arabischsprechenden Christen und Juden im Vorderen Orient voll und ganz in die arabische Ethnie integrierte, noch lange Zeit und unvermindert in dieser Weise fortbestehen wird. Diese Gemeinschaften in der islamischen Welt wurden wegen ihrer besseren Beziehungen zu Europa, in der Zeit, in der es dominierte, ausgezeichnet und bevorzugt. Und unter den Muslimen befanden sich große Massen, die gegen diese Hegemonie sehr heftig opponierten. Mit dem Rückgang der Hegemonie und dem Sieg der Nationalismen in der Dritten Welt sahen sich Christen und Juden aufgrund der langlebigen Folgen und Erinnerungen an die vergangenen Bindungen gefährdet. Im allgemeinen Bewußtsein, das selten von den Intellektuellen und Politikern getreu zum Ausdruck gebracht wird, hat sich eingeprägt, daß der wahre Araber, der unbeirrbar zu seiner Herkunft steht, *vor allem* der muslimische Araber ist. Die Frage ist praktisch schon geregelt für die Juden, die oft die fremde Kultur wählten und von den Kolonisatoren deshalb oft begünstigt wurden, vor allem, wenn sie diese für sich gewinnen wollten (Dekret von Crémieux in Algerien). Die eventuelle Verbindung mit dem Arabismus, für die einige Juden den Weg bereitet hatten (Jacob Sanua, der Gefährte von Jamāl ad-Dīn al-Afghānī und Muhammad 'Abduh in Ägypten), wurde endgültig durch den Zionismus vereitelt, durch dessen Bemühung, einen jüdischen Staat auf arabischem Gebiet, in Palästina, zu errichten, durch seinen Erfolg und dessen Folgen.

Aus den Christen im Orient rekrutierten sich die ersten Pioniere des gegenwärtigen arabischen Nationalismus. Es lag nämlich in ihrem Interesse, die Ideologie auf die sprachlich-kulturelle Gemeinschaft zu konzentrieren, zum Nachteil der religiösen Identifizierung, die die muslimischen Araber mit ihren türkischen Herrschern verband. Sie geizten nicht mit Aufrufen zu einem unversöhnlichen Arabismus. Sie rühmten den Propheten des Islam als Helden des arabischen Nationalismus, was bei den Muslimen mit einer tiefgreifenden Tendenz konvergierte, die auf die Säkularisierung der geistigen Welt bezogen war. Es ist bekannt, daß der Haupttheoretiker der nationalistischen, laizistischen Baath-Partei, Michel 'Aflaq, ein Christ ist.

Aber die Logik der historischen Situationen geht jetzt in die entgegengesetzte Richtung. Die Geschichte gewährte vor den neuen Krisen nicht die notwendige Zeit zu einer ausreichend tiefen Laisierung, begleitet von einer langen und intensiven Integration der Konfessionen. Erinnern wir uns, welcher Zeit (mehr oder weniger und nicht überall) es in Europa bedurfte, um dies zu erreichen. Einerseits setzte die starke und Druck ausübende Gruppe der Religionslehrer, unterstützt von den der religiösen Ideologie anhängenden Massen – die diejenigen nicht verriet, die ihre bescheidene Ethik und ihre Werte heiligten angesichts der europäischen intellektuellen und moralischen »Lasterhaftigkeiten« ihrer Aristokratien –, fast überall in den Verfassungen den Islam als Staatsreligion oder mindestens als Religion der Mehrheit durch. Andererseits entsprach im Libanon – ein wenig wie in Israel – eine politische Spaltung den Umrissen einer konfessionellen Spaltung. Ein Teil der libanesischen Christen, vor allem aus den Reihen der Maroniten, blickte nach Europa – besonders nach Frankreich – als einem anziehenden kulturellen Modell und zu den benachbarten Arabern mit muslimischem Übergewicht als einem abschreckenden Beispiel. Obwohl sie selbst die ersten und bedeutendsten Verbreiter der arabistischen Ideologie waren, wandten sich viele von ihnen in Richtung Frankreich als einem eventuellen Beschützer gegen die zunehmende Welle des Arabismus, den sie mit dem Islam und mit dem Fortbestand oder der Rückkehr der muslimischen Vorherrschaft identifizierten. Der französische Imperialismus benutzte mit Freude diese freiwilligen und begeisterten Satelliten. Wenn sich auch im Rahmen des neuen islamisch-christlichen Libanon ein Kompromiß zwischen Christen und Muslims abzeichnete – zunächst im Schatten des französischen Mandats, dann im Kampf dagegen zugunsten einer völligen Unabhängigkeit der eingeborenen Eliten –, so daß man eine Zeitlang an den ungeschmälerten Anschluß an den Arabismus glauben konnte, und wenn dieser Anschluß, der sich unter den Benachteiligten, den Intellektuellen und Linken fortsetzt, so waren doch auch die Keime der Bürgerkriege nicht weniger bereits vorhanden, die teilweise durch die konfessionelle Spaltung begrenzt wurden, welche die sippenhaft archaischen Strukturen der Gesellschaft betonten. Heute hat dieser Kampf seinen Höhepunkt erreicht. Niemand weiß, wie die Zukunft dieses Problem lösen wird. Zur Zeit hat es dazu beigetragen, das Mißtrauen zu vertiefen – das man woanders aufzulösen trachtet – und die Einbeziehung des Islam in die Unterscheidungsmerkmale der arabischen Nationalität voranzutreiben.

### *Arabische oder muslimische Zivilisation?*

Die glänzende Zivilisation, die sich im Mittelalter in den von den Arabern eroberten Ländern entwickelte, deren Beherrschung aber nach ein oder zwei Jahrhunderten zu Ende ging, wird von den einen »arabische Zivilisation« genannt, von anderen »muslimische« und von wieder anderen »arabisch-muslimische Zivilisation«. Ideologische Stellungnahmen für oder gegen den modernen arabischen Nationalismus trugen zumindest zu einem Teil dazu bei, diesen Nomenklaturenkonflikt hervorzurufen.

Der Begriff »Zivilisation« ist eine Dublette des Begriffs »Kultur« mit der ganzen Verschwommenheit und allen Widersprüchen, die im allgemeinen den Gebrauch abstrakter Wörter in der Sprache begleiten. Die ziemlich begrenzte Verbreitung des dem Worte »Kultur« zugeordneten, mehr oder weniger präzisen anthropologischen Sinnes tendiert dahin, den Bedeutungsbereich des Wortes »Zivilisation« einzugrenzen auf die hohen intellektuellen und künstlerischen Phänomene.*

Diese intellektuellen und ästhetischen Elemente der betreffenden »Zivilisation« haben vor allem die benachbarten Zivilisationen beeinflußt, besonders das christliche Westeuropa im Laufe des Mittelalters.

*Diese Interpretation der Begriffe »Zivilisation« und »Kultur« bezieht sich auf die französische Sprache und weicht von der im deutschen Sprachraum üblichen Unterscheidung ab. (Anm. d. Üb.)

Wie oben bereits ausgeführt wurde, war damals der gesamten muslimischen Welt eine große Anzahl kultureller Merkmale (im weitesten Sinne) gemeinsam, wenn auch mit zahlreichen Varianten. Von außen hatte man sehr wohl den Eindruck, in ein spezifisches, sich von anderen unterscheidendes Universum einzutreten, wenn man die Grenzen überschritt. Die Elemente, die unter den kulturellen Merkmalen die größte Gemeinsamkeit und stärkste Besonderheit aufwiesen, gehörten gerade dieser intellektuellen, ästhetischen und moralischen Sphäre an, die zumeist der Ausdruck »Zivilisation« umschreibt.

Im Zentrum und im Kern dieses besonderen und sich von anderen unterscheidenden Universums stand die Religion, d.h. die politisch herrschende Religion, die Staatsideologie, der Islam. Trotz ihrer kulturellen Unterschiede und politischen Feindschaften, ja sogar trotz etwaiger Allianzen einiger von ihnen mit den »Ungläubigen« gegen andere von ihnen, bildeten alle muslimischen Länder das, was man als einen ideologisch-politischen Block, Dār al-Islām, »das Haus des Islams«, bezeichnen kann. Das Phänomen ist mehr oder weniger vergleichbar mit dem der ideologisch-politischen Blöcke von heute, die jeweils von der marxistisch-kommunistischen und kapitalistisch-liberalen Ideologie vereinigt werden (hier auch auf eine sehr relative Weise, und nur auf einer bestimmten Ebene, wie sich seit zwanzig Jahren deutlich herausstellt).

Die Einheit bestand nie in der gesprochenen Sprache oder im ethnischen Ursprung, die damals als Faktoren ohne politischen Wert angesehen wurden. Die intellektuellen und ästhetischen Werke dieser Zivilisation wurden von Personen geschaffen, deren Umgangssprache unterschiedslos arabisch, türkisch, persisch, berberisch usw. war. Einige betrachteten sich als Araber, Türken, Perser, Berber usw., viele andere betrachteten sich ganz einfach als Muslime unterschiedlicher Herkunft.

Die Zivilisation, die sie schufen, müßte von daher eher muslimisch genannt werden. Doch die intellektuelle Sprache, die alle Kultivierten damals kannten und häufig benutzten, wenn sie Werke von hohem intellektuellem Rang schrieben – während sie ihre Muttersprache auf den alltäglichen Gebrauch, auf Dichtung und Belletristik im allgemeinen beschränkten –, war das Arabische, die Sprache des Koran, der Theologie und der ideologischen und ernsthaften intellektuellen Analysen. Es wurde auch argumentiert, daß man daher diese Zivilisation »arabisch« nennen könnte, weil man eine ebenfalls pluri-ethnische Zivilisation als »römisch« bezeichnet, deren herrschende Sprache (zusammen mit dem Griechischen) lateinisch war, die Sprache von Rom.

Beide Bezeichnungen haben Vor- und Nachteile. Es ist unmöglich, alle Definitionselemente in einem einzigen Wort auszudrücken. Der Begriff »muslimische Zivilisation« ist vielleicht am objektivsten, obwohl er verschweigt, daß Christen und Juden an den glänzenden Errungenschaften (und auch an den meisten kulturellen Merkmalen), die aus dieser kulturellen und vom Islam beherrschten Ära hervorgingen, beteiligt waren. Der Begriff arabisch, der unter anderen von Iranern und Türken übel aufgenommen wird, unterstreicht die ethnische Herkunft des einigenden ideologisch muslimischen Bandes und die Sprache, die als Vehikel dieser Kultur benutzt wurde. Er wird natürlich bei den Arabern geschätzt, die einen bewußten oder unbewußten Antiarabismus bei denen wittern, die sich einer anderen Sprache bedienen. Doch er fügt jenen Unrecht zu – und sie sind in großer Zahl –, die voll und ganz an dieser Kultur mitwirkten, und die sich nie für Araber, nicht einmal für arabisierte »Kinder von Arabern« hielten. Der gemischte Begriff »arabisch-muslimisch«, der vielfach verwendet wird, hat den Nachteil, eine Äquivalenz zwischen seinen beiden Elementen zu suggerieren. Er ist im Grunde nur da gerechtfertigt, wo er sich auf Muslime bezieht, die sich auf einen arabischen Ursprung berufen.

Die Nachteile erscheinen besonders deutlich, wenn man das Problem des Verfalls oder Untergangs dieser Zivilisation erörtert. Die Araber nennen »Dekadenz« (*inhiṭāṭ*) die ganze Periode, in der die Vormachtstellung in der islamischen Welt an die von den Türken beherrschten (oder türkisierten) Staaten überging, vor allem die Zeit, als diese die arabisch sprechende Welt beherrschten. Aber das 16. und 17. Jahrhundert, eine Periode der Dekadenz für die unterworfenen Araber, ist ein Teil einer Epoche, in der der von den osmanischen Türken verwaltete Islam glänzende Siege feierte und in der das osmanische, iranische und mongolische Reich in Indien eine hochentwickelte Kultur mit großartigen intellektuellen und künstlerischen Schöpfungen besaß.

Eine gewisse anti-arabische Polemik mit rassistischen Untertönen wollte aus diesem pluri-ethnischen Charakter der mittelalterlichen Zivilisation Nutzen ziehen, um den Arabern jede kulturelle Kreativität und jede »zivilisierte« Eigenschaft abzusprechen. Ohne es zu wissen, wiederholte sie damit die Argumente der mittelalterlichen *shu'ūbiyya*. Darin zeigt sich eine gefährliche Begriffsverwirrung und eine feindselige Unehrlichkeit. Die Kulturschöpfer dieser Zivilisation waren sowohl Araber als auch Arabisierte und Muslime, die keine Araber waren. Wenn die Anzahl der wirklichen Araber, deren Ursprung man aus den Stämmen der arabischen Halbinsel ableiten konnte, unter dieser Elite relativ gering war, so liegt es einfach daran, daß diese Gruppe im Verhältnis zu den Arabisierten und erst recht im Verhältnis zu den Muslimen ebenfalls unerheblich war. Doch die Anzahl der Kulturschaffenden unter den Arabisierten war nicht zu unterschätzen. Die Arabisierten aber gehören zum größten Teil zu denjenigen, die heute von sich selbst und anderen mit Fug und Recht als Araber bezeichnet werden. Es ist darum eine Gedankenlosigkeit und Unehrlichkeit, die kulturellen Qualitäten der heutigen Araber zu verkennen, indem man sich bei den damaligen Kulturschöpfern auf die kleine Anzahl der Araber aus Arabien bezieht.[16] Solche Vorwürfe können die Bevorzugung des Begriffs »arabische Zivilisation« durch die Araber erklären, einen Begriff, den die islamische Zivilisation im Mittelalter verwendet und den wir aus Gründen der Objektivität ebenfalls nur mit Reserve annehmen.

### *Die Rasse*

Es wird noch oft von »arabischer Rasse« gesprochen, und »schmutzige Rasse« ist ein Schimpfwort, das man häufig aus dem Mund der alten rassistischen Kolonisten des Maghreb hört. Trotz aller Anstrengungen bei der Entmystifizierung der Rassenidee im Kampf gegen den deutschen Nazismus und im Anschluß an seinen Untergang ist es dennoch notwendig, auf elementare Weise die verworrenen Konzepte aufzuzeigen, die man mit dieser Auffassung verbunden hat.

In der menschlichen Gattung findet man keine eindeutig definierten Gruppen, bei denen man mit Sicherheit die Merkmale ihrer Nachkommenschaft voraussagen könnte, wie es etwa bei den Hunderassen der Fall ist. Allerdings bestehen fundamentale Gruppen, die nach genetischem Gesichtspunkt relativ unterschieden sind, deren Mitglieder sich mehr untereinander als mit anderen vermischen und die folglich aufgrund der Mendelschen Gesetze der nachfolgenden Generation eine große Anzahl von physischen Eigenschaften vererben. Doch diese Fortplanzungseinheiten sind nie so streng geschlossen und werden es immer weniger in den heutigen Verhältnissen. Sie bilden fließende Gruppen mit vagen Grenzen, die lediglich eine statistische Homogenität besitzen.

Man tendiert dahin, den Begriff »Rassen«, mit dem man sie bezeichnet, aufzugeben. Auf diese Weise will man einen Vergleich mit den tierischen Rassen vermeiden sowie die Wiederaufnahme der falschen Vorstellungen, die mit diesem Begriff in der wissenschaftlich-ideologischen Praxis verbunden sind, und die Bezugnahme auf die Typologien der seit einem oder zwei Jahrhunderten traditionellen Menschengruppen. Diese Typologien gründeten sich besonders auf die Gemeinsamkeit der sichtbaren Merkmale, und trotz der von Spezialisten der physischen Anthropologie seit langem wiederholten Warnungen verband man mit ihnen kulturelle Eigenschaften. Wenn auch die physischen Eigenschaften vererbbar sind, so sind sie es nach wenig bekannten Modalitäten wegen der Komplexität ihrer Beziehung mit den Genen. Es ist heute einleuchtend, daß man vor allem die nichtsichtbaren Merkmale berücksichtigen muß, die an die genetische Struktur gebunden sind, von Milieu- und Kultureinfluß nicht berührt werden und leicht klassifizierbar sind. Es handelt sich dabei um »Blutgruppenmerkmale«, die mittels der Blutgruppenanalyse erforscht werden.

Wir ziehen den Begriff »Bevölkerungen« vor, um die primären Reproduktionseinheiten zu bezeichnen. Doch vielleicht ist auch dieses Wort schlecht gewählt, denn sein gewöhnlicher, sehr unbestimmter Gebrauch scheint die Idee einer Gesamtheit vererblicher körperlicher Merkmale auszuschließen, die wenigstens statistisch gemeinsam sind.

Das führt dazu, vorläufig die kleinen Einheiten zu charakterisieren, deren Anzahl innerhalb des Menschengeschlechts sehr hoch sein soll. Es ist eine sehr schwere Aufgabe, diese zahlreichen »Bevölkerungen« miteinander in einen Zusammenhang zu bringen; jede von ihnen ist ja das provisorische Ergebnis mannigfacher Vermischungen, und jedes ihrer Merkmale ist nur zum Teil mit anderen verknüpft, die alle ihre eigene Verteilung haben. Diese Forschungsarbeit hat kaum begonnen.

Man kann jedoch – negativ gesprochen – behaupten, daß die Einheiten, die eine bedingte genealogische Verwandtschaft aufzeigen, die sich nachweisen ließe, nur eine sehr entfernte und sehr komplexe Beziehung mit den Völkerschaften der Vergangenheit und der Gegenwart haben. Die Beweisführung ist besonders eindeutig im Fall der Blutgruppenmerkmale, deren Vererbung von bestimmten Genen abhängt. Die Frequenz jedes Gens zum Beispiel, aus dem sich das System AB0 der Blutgruppen ableitet, das heute bereits gut erforscht ist, ist je nach den Gegenden der arabischen Welt unterschiedlich.[17]

Die sichtbaren physischen Merkmale, auf die sich die gewöhnliche Klassifizierung der »Rassen« stützt, verraten sicherlich unter bestimmten Voraussetzungen und auf sehr komplexe Weise entfernte Verwandtschaften. Aber keines dieser Merkmale hat eine Entsprechung auf einer Landkarte, die mit jener der arabischen Ethnie übereinstimmt, wie immer auch man diese interpretiert.

Diese Tatsache war schon vor der Entdeckung der Blutgruppenmerkmale und der neuen Schule der »Bevölkerungen« bekannt. Die Anthropologen haben es nicht versäumt, immer wieder darauf hinzuweisen, auch wenn man ihnen wenig Gehör schenkte. Was den Raum der arabischen Ethnie betrifft, so unterschieden die Spezialisten dort mehrere unterschiedliche »Rassen« mit großen Abweichungen. Die meisten dieser »Rassen« vereinigten bestimmte Araber und bestimmte Nicht-Araber. In Nordafrika zählte man zahlreiche Bewohner zu einer sogenannten »ibero-insularischen« Variante einer großen mittelmeerischen Rasse. Wieder andere ordneten diese Personen einer sogenannten »atlantisch-mittelmeerischen« Unterrasse zu, einer Unterteilung der mittelmeerischen Rasse, die auch von den Minderheiten der Halbinseln im Norden des Mittelmeeres und sogar von Minoritäten der Britischen Inseln repräsentiert wird.

Im Vorderen Orient unterschieden mehrere Autoren eine »orientalidische« Rasse, die andere nur als eine »südorientalische« Unterrasse der mittelmeerischen Rasse ansahen. Anderen Autoren zufolge soll eine »arabidische« Rasse in der Wüste Arabiens und im südlichen Irak vorherrschen. Auf syrischem Gebiet sollen die »Armenoiden« (oder »Anatolier«) dominiert haben, eine sehr verbreitete Variante der dinarischen Rasse, die (nach verschiedenen Aussagen) ein Teil der großen alpinen Rasse ist. Dagegen soll man in Südarabien, neben den Orientaliden oder Arabiden und anderen veddidischen oder gondidischen Elementen, die mit verschiedenen Rassen in Indien verwandt sind, auch auf Armenoiden stoßen. Hier wie in ganz Arabien, Ägypten und Nordafrika gibt es zusätzlich zahlreiche »Negriden« und »Äthiopiden«.

Mit Nachdruck ist noch einmal auf die Tatsache hinzuweisen, daß keine dieser mehr oder weniger künstlichen Gruppen, deren Gültigkeit noch durch die neuerlichen Forschungen über die Hemotypologie in Frage gestellt wird, ein bestimmtes Volk darstellt. Selbst wenn bewiesen wäre, daß ein »arabidischer« Typus mit einer Reihe gemeinsamer, sichtbarer physischer Eigenschaften bei den Arabern von

Arabien vorherrschte, sollte man daraus nicht schließen, daß alle jene bereits seit dem Altertum diesem Typus angehörten und daß er nicht auch innerhalb anderer Völker vorhanden wäre. Dies trifft in noch größerem Maße für die Masse der heutigen Araber zu, bei denen man unverzüglich hundert physisch unterschiedliche Typen aufzeigen kann, was die Untersuchung der nichtsichtbaren Merkmale nur bestätigt.

Die Araber bilden also nicht mehr als alle anderen Völker eine natürliche »Rasse« (oder eine Gemeinschaft von »Bevölkerungen«, die genetisch miteinander verwandt sind). Alles, was man in dieser Hinsicht sagen kann, ist, daß einige physische Eigenschaften, die auf eine sehr komplexe Weise mögliche entfernte Verwandtschaften andeuten, in einer größeren Anzahl in dieser oder jener Gegend auftauchen, während andere Eigenschaften selten oder sogar abwesend sind. Wenn es eine Einheit des Volkes gibt, so besteht sie nicht in einer Gemeinschaft physischer Merkmale.

### *Der ismaelitische Ursprung*

In einem bestimmten christlichen Milieu, das sich für eine »ökumenische« Annäherung an den Islam einsetzt, um die historischen Fehler des Christentums gegenüber den Muslims und besonders gegenüber den Arabern wiedergutzumachen, legt man großen Wert auf die Tatsache, daß dieses Volk von Ismael abstammt, dem ältesten Sohn Abrahams, den er mit seiner Dienerin Hagar zeugte, die später auf Veranlassung von Sara, der Frau des Patriarchen, aus dem Haus gewiesen wurde, nachdem diese auf wunderbare Weise Isaak das Leben geschenkt hatte; Isaak ist (unter anderen) Stammvater der Juden (durch Jakob-Israel) und mit diesen von Jesus Christus (Genesis, Kapitel 16, 17, 21, 25). Die Genesis berichtet, daß Ismael noch vor der Geburt Isaaks, wie alle im Hause Abrahams, beschnitten wurde. Er nahm also teil am ersten Bündnis Gottes mit einer kleinen Gruppe von Menschen, dem Bündnis der Beschneidung. Einige Zusicherungen Gottes betreffen ihn. Daraus zogen mehrere christliche Autoren Schlüsse über den reellen – wenn auch begrenzten Wert – der göttlichen Offenbarung an Muhammad, den Nachkommen Ismaels. Sie sahen in dem biblischen Bericht von der Verbannung der Dienerin und ihres Sohnes in die Wüste das theologische »Urbild«, die metageschichtliche Präfiguration des Schicksals der »Verbannung« (seitens der Christen) der Muslime und der Araber.[18]

Es handelt sich dabei um die moderne Wiederaufnahme der Anschauung über die Beziehungen zwischen ethnischen Gruppen, die sich vor allem bei den Völkern semitischer Sprache herausgebildet hatte – worauf wir bereits hingewiesen haben. Man geht davon aus, daß jede Gruppe von einem namengebenden Vorfahren abstammt; die genealogischen Beziehungen unter diesen Vorfahren veranschaulichen die Feindschaft- oder Allianzverhältnisse einer mehr oder weniger entfernten Verwandtschaft, die zur Zeit der Arbeit des Genealogen angenommen wurde.

Ähnliche genealogische Theorien bestanden bei den alten Babyloniern. Sie wurden uns später reichlich durch die alte israelitische Literatur bezeugt, von der das Alte Testament eine Anthologie darstellt. Für den Historiker repräsentieren die Erzählungen der Genesis eine derartige Theorie, die am Anfang des 1. Jahrtausends unserer Ära von den israelitischen Genealogen entwickelt wurde und die vielleicht eine Auffassung der betroffenen Stämme spiegelt. Jedenfalls betrachteten die ersten Israel als weitläufig verwandt mit einigen Stämmen aus Transjordanien, dem Negev und dem Nord-Westen Arabiens unter anderen, die sie einem ihrer Stämme angliederten, und zwar ohne Zweifel dem bedeutendsten unter ihnen oder einem Zusammenschluß von Stämmen, der den Namen »Söhne von Ismael« trug. Ein Fragment des Werkes anderer israelitischer Genealogen, das ebenfalls in der Genesis enthalten ist, betrachtete andere Stämme Arabiens als Nachkommen von Abraham mit einer anderen Frau, Ketura, wahrscheinlich einem Symbol für die Länder des Weihrauchs (Genesis, 25, 1–5).[19]

Anfangs hatte die besagte Theorie noch eine Grundlage bei den betreffenden Stämmen, die einen Teil des Ganzen darstellten, das man wenig später als arabisch bezeichnete; dann aber wurde diese einheimische Theorie sehr bald vergessen, um so mehr, da der Stamm oder die Konföderation, die sich nach Ismael benannten, sich mit anderen vermischte oder einen anderen Namen annahm und auf jeden Fall als solcher verschwand. Dagegen bestand die ismaelitische Theorie bei den israelitischen Nachbarn fort und wurde durch das Vorhandensein in ihren heiligen Büchern geheiligt, deren spätere weite Verbreitung wir kennen. Der Begriff »Ismaelit« wurde bei den Juden ein Synonym für Araber, und die heidnischen Autoren, die sich bei ihnen informieren, sowie die Christen, die Erben ihrer heiligen Bücher werden, übernahmen von ihnen diese Bezeichnung. Die letzten, die sich auf dieselben Texte beziehen, nannten die Araber auch Agarener, »Nachkommen von Hagar«.[20]

Diese Theorie kam schließlich zu den Arabern zurück. Aller Wahrscheinlichkeit nach waren es Stämme, die mit der jüdisch-christlichen Welt Kontakt hatten, die teilweise sogar zum Christentum, zum Judentum oder zum jüdischen Christentum übergetreten waren und diese Theorien als erste übernahmen. So berichtet es jedenfalls der byzantinische Kirchenhistoriker des 5. Jahrhunderts, Sozomenos.[21] Doch außerhalb dieser periphären Stämme verbreitete sich diese Theorie sehr wenig. Der Name Ismael (arabisch Ismāʿīl) ist in der Onomastik Zentral-Arabiens in der Zeit, die dem Islam unmittelbar vorausging, nicht belegt. Er ist fremdartig für die Onomastik und nach Aussagen der alten arabischen Autoren ein auswärtiger Name.[22] Muhammad selbst nahm diesen Namen auf und verbreitete ihn. Dabei wurde er anfangs noch sehr wenig übernommen. Mehrere Jahrhunderte lang wurden fast ausschließlich Kinder aus der Nachkommenschaft des Propheten mit dem Namen Ismāʿīl benannt.

Die biblische Theorie wurde von den arabischen Genealogen der ersten Jahrhunderte des Islam mit den arabischen Traditionen mehr oder weniger harmonisch koordiniert. Man machte aus ʿAdnān, dem vermuteten Vorfahren der arabischen Stämme im Norden – wie wir bereits sahen –, mittels verschiedener Stammbäume den Nachkommen Ismaels. Auf jeden Fall schloß dies die südlichen Gruppen von der ismaelischen Nachkommenschaft aus.

Die These der ismaelischen Nachkommenschaft der Araber findet keine Erwähnung im Koran, der sich darauf beschränkt, Ismāʿīl einen Platz neben seinem Vater Ibrāhīm anzuweisen, als dieser die Kaʿba in Mekka erbaute. So spielt er eine wichtige Rolle in der klassischen muslimischen Lehre, die Abraham als den Verbreiter des Monotheismus bei den Arabern ansieht. Dieser Monotheismus soll sich nach und nach aufgelöst haben bis zu seiner Wiederaufnahme durch Muhammad. So lauten die Glaubensartikel der Muslime. Diese im Jüdisch-Christlichen verwurzelte These wurde von neueren christlichen Autoren wieder aufgenommen, deren Wunsch es ist, die drei monotheistischen Religionen miteinander zu verbinden, indem sie alle drei an den Glauben Abrahams anknüpfen. Diese These hat sympathische und großmütige Motivationen. Sie kann – wie bei Massignon – auf der Ebene der Meta-Geschichte liegen. Sie verlangt nicht unbedingt die Zustimmung zum Glauben an eine konkrete genealogische Nachkommenschaft nach einem überholten Denkmodus. Für die Historiker sind die Araber nicht mehr Nachkommen von Ismael, dem Sohn Abrahams, als die Franzosen von Frankus, dem Sohn Hektors.

## Schlußfolgerung: Die arabische Ethnie

Eine bestimmte Anzahl von Menschen hält sich selbst für Araber und nennt sich so. Die meisten von ihnen – doch nicht alle, aber dafür einige andere – werden auch von anderen als Araber angesehen. Wenn es sich um die Zugehörigkeit zu einem Nationalstaat handelt, sind Gesetz und Verwaltung da, um zu entscheiden; es werden denjenigen Personalausweise ausgestellt, die bestimmte genau definierte Bedingungen erfüllen, obwohl sich diese im Laufe der Zeit ändern. Das ist der Fall, obgleich das Kollektivbewußtsein nicht immer die administrative Entscheidung bestätigt und obgleich das Völkerrecht Fälle von Personen mit zwei Nationalitäten und den Staatenlosen kennt.

Wenn es sich aber um ein Phänomen wie die ethnisch-nationale Gruppe handelt, gibt es weder im Himmel noch auf der Erde eine Autorität, um die strittigen Fälle zu entscheiden, und diese sind, unter anderem bei der arabischen Gemeinschaft, häufig. Alles, was wir in einem solchen Fall tun können, besteht darin, eine Einheit oder ein soziales Gemeinschaftswesen mehr oder weniger deutlich abzugrenzen, das tatsächlich, wenigstens in verschiedener Hinsicht, wie eine Einheit funktioniert. Wir sind infolgedessen gezwungen, einige Gruppen und Individuen einzubeziehen, die sich selbst nicht als Araber betrachten, und gewisse andere auszuschließen, die sich selbst für solche halten. Ihre Ablehnung oder Zustimmung können in mancher Hinsicht legitim sein. Tatsächlich enthält jede Definition dieser Art ein Element der Willkür, das der objektive Forscher nur einzuschränken versuchen kann.

In diesem Rahmen können wir als Angehörige der arabischen Ethnie (des arabischen Volkes oder der arabischen Nationalität) diejenigen betrachten, die:

1) eine Variante der arabischen Sprache sprechen *und* diese gleichzeitig als ihre »natürliche« Sprache betrachten, die sie sprechen müssen, *oder* sie als solche betrachten, ohne sie zu sprechen;

2) die Geschichte und die kulturellen Errungenschaften derjenigen, die von sich selbst und anderen als Araber bezeichnet werden, als ihr Erbe ansehen; diese kulturellen Errungenschaften schließen seit dem 7. Jahrhundert den massiven Beitritt zur muslimischen Religion ein (die jedoch weit davon entfernt ist, ihr Alleinbesitz zu sein);

3) (was auf das gleiche hinausläuft) die arabische Identität beanspruchen und ein Bewußtsein des Arabertums haben.

Hierbei handelt es sich nicht um eine psychologische Definition, obwohl sie sich auf das Urteil von Individuen stützt. Diese Urteile sind vielmehr durch eine konkrete Situation bedingt und von sozialen Faktoren geschaffen, die sich in einer jahrtausendealten Geschichte niedergeschlagen haben. Es waren zuerst kulturelle, sprachliche und in geringem Maße institutionelle Bande, die vor dem Islam die Stämme im Norden mit denen im Zentrum der arabischen Halbinsel vereinigten. Dann die zeitweilige staatliche Vereinigung unter dem ideologischen Banner des Islam, der sie (mit den Stämmen Südarabiens) im 7. und 8. Jahrhundert zusammenschloß. Danach kamen die sozialen und politischen Bedingungen, die die Beibehaltung und Verbreitung der arabischen Sprache erlaubten, die bei den meisten der betreffenden Stämme, die in ihrer alten Lebensart verharrten, aufrechterhalten wurde. Diese verbreiteten bei anderen das Bewußtsein des Arabertums, das noch bei manchen von denen vorhanden war, die diese Lebensart bereits geändert hatten. Ähnliche Bedingungen gestatteten es allmählich denjenigen, die die arabische Sprache übernommen hatten, dieses Bewußtsein mehr oder weniger zu teilen. Im Laufe der beiden letzten Jahrhunderte ließen andere Verhältnisse sowohl die Elite als auch große Massen dieses Bewußtsein annehmen; sie lebten auf einem genau umrissenen Territorium unter der neuen Form des nationalen Bewußtseins und in dem Gefühl, eine besondere kulturelle Einheit zu bilden, die zu einer bestimmten Form von politischer Einheit berufen ist.

Diese Bildung einer arabischen Ethnie fügt sich in den breiten Rahmen der Bedingungen, die gleichartige Bande zwischen elementaren Einheiten wie Sippen und Stämme seit der letzten Periode der Vorgeschichte entwickelt haben. Sie sind grundsätzlich wirtschaftlicher Natur, denn nur das demographische Wachstum und die Bildung eines Produktionsüberschusses, der zum Aufkauf oder Austausch geeignet ist, sowie verbesserte Kommunikationsmittel verhalfen dazu, die Isolierung der einzelnen elementaren Gruppe zu überwinden.

Die Gebilde dieser Art, die sich nicht genau mit einem bestimmten Staat decken, sind sehr verschieden. Wir wählten hier unter ihren üblichen Bezeichnungen den Begriff Ethnie und gaben ihm den Vorzug vor den Begriffen Volk oder Nationalität (Deutsch: Völkerschaft, russisch: narodnost'), da er nicht so sehr dazu neigt, Verwirrung zu stiften und mit benachbarten Konzepten verwechselt zu werden, weil er in der Umgangssprache nicht verwendet wird und daher vor Polysemie relativ bewahrt bleibt. Aber man muß sich bewußt sein, daß die Anthropologen unter Ethnie oft sehr viel kleinere Gruppen verstehen, die kulturell und sprachlich homogen sind.

Präzisieren wir noch einmal, daß die Ethnie weder mit einer Menge gemeinsamer physischer Merkmale aufgrund genetischer Verwandtschaft (»Rasse«) noch mit einem Bündel gemeinsamer kultureller Eigenschaften (»Zivilisation«) verwechselt werden darf. Die Gruppen, die man nach diesen Kriterien bilden kann, sind im allgemeinen pluri-ethnisch, während die Ethnien gewöhnlich Angehörige unterschiedlicher physischer Merkmale vereinen, die oft auch eine unterschiedliche Kultur haben.

## *Kapitel 2*

# Entstehung und Grundzüge des Arabertums

Wir werden in diesem Kapitel die gegenwärtige Ausdehnung der arabischen Völkerschaft durch eine kurze Schilderung der ethnischen Geschichte jeder Gegend vor Augen führen mit der Absicht, die Ursprünge jeder einzelnen Gruppe der heutigen Araber aufzuzeigen. Dabei ist daran zu erinnern, daß die Sprache das bedeutendste Unterscheidungsmerkmal einer Ethnie ist, wenn nicht sogar das absolute Kriterium. Wenn wir – wie in der Vorgeschichte und häufig am Anfang der Geschichte – die gesprochene Sprache einer Bevölkerung nicht kennen, die uns durch archäologische Überreste oder fremde Texte überliefert wurde, dann haben wir wenig Mittel, ihr eine Identität zuzuordnen oder ihr eine gesellschaftliche Verwandtschaft mit anderen Ethnien zuzuweisen.

Man sollte sich vergegenwärtigen, daß es keinen Sinn hat, angesichts dieser Probleme die naive Frage der Allgemeinheit zu stellen: »Was ist der Ursprung dieses Volkes? Woher kommt es?«. Alle Völker setzen sich aus einer Mischung ethnischer Elemente zusammen, von denen sich viele seit der Vorgeschichte an Ort und Stelle befinden. Am häufigsten erleben wir, daß eine relativ kleine Gruppe von Einwanderern oder eine Gruppe mit überlegener militärischer Macht eine Gegend erobert und deren Bewohner assimiliert. Die vorgeschichtlichen Einwohner des heutigen Frankreich, das die Gallier eroberten, wurden Gallier und dann Lateiner. Die gallische Sprache ist unter dem Einfluß einer kleinen Anzahl von Eroberern aufgegeben worden. Diese Regel spielte danach in Frankreich im sprachlichen Bereich aus verschiedenen soziologischen Gründen bei den Einwanderungen und späteren Eroberungszügen keine Rolle mehr.

## Die arabische Welt

Wir beginnen mit der hier sogenannten arabischen Zone oder der arabischen Welt. Es handelt sich um die Gesamtheit der Staaten, in denen die arabische Ethnie vorherrscht, wo ihre Sprache die des Staates und der Verwaltungskader ist und die sich zum Arabertum bekennen. Diese Gesamtheit bildet eine zusammenhängende geographische Zone, in der »entarabisierte« Enklaven auftreten, wie der kleine Staat von Israel und die zwei marokkanischen Städte Ceuta und Melilla (auf arabisch Sabta und Malīla), die seit mehr als vier Jahrhunderten hispanisiert worden sind.

### *Arabien*

Die Wiege der Araber ist die Arabische Halbinsel. Sie ist heutzutage in mehrere Staaten aufgeteilt, die theoretisch alle unabhängig sind und die sich alle gleichmäßig zum Arabertum und Arabismus bekennen.

Für viele sind die Araber der Halbinsel (auf arabisch *jazīrat al-'Arab,* »Insel der Araber«) die Nachkommen der arabischsprechenden Stammesgesellschaften in der vorislamischen Epoche. Aber es wurde bereits gezeigt, daß sich ihnen die Südaraber anschlossen, zuerst – einige Jahrhunderte vor dem Islam – in kleinen Gruppen und später – zur Zeit der

Islamisierung – in großen Massen. Die meisten von diesen gehörten »Stammesgesellschaften« an (auf südarabisch *sha'b*, ein Wort, das später im Arabischen die Bedeutung »Volk« annahm), was aber nicht automatisch die Lebensweise der nomadischen Hirten einbezieht. Die Südaraber haben sich in ihrer Gesamtheit rasch arabisiert. Dennoch überlebten im schwer zugänglichen Gebirge, auf den Inseln und an entlegenen Küsten einige Bevölkerungsinseln mit südarabischer Sprache, und manche davon bestehen noch bis heute.

Diese kleinen südarabischen Inseln schließen die gesamte Gegend von Dhofār ein, die kürzlich gegen das Sultanat von Omān und Maskat revoltierte, das den Anspruch erhob, sie politisch zu vereinen (ca. 150 000 Einwohner?), die Insel Sokora und die benachbarten Inseln (15 000 Einwohner?), die zu der Demokratischen Volksrepublik Jemen (Südjemen) gehören, denen sich die angrenzenden Gruppen aus Hadramaut (der Ostteil dieses letzten Staates) und aus Omān, im Osten von Dhofār anschließen. Die meisten derjenigen, die Dialekte sprechen (die man auf arabisch, übrigens zu Unrecht, himyaritisch nennt), bedienen sich heute auch der arabischen Sprache. Sie kennen keine andere Kultursprache, und die Revolutionäre von Dhofār bemühten sich systematisch um die Arabisierung, die für sie einer Alphabetisierung gleichkommt.

Es gab in Arabien immer fremde Zuwanderer, von denen sich die ältesten arabisierten. Vor dem Islam drangen die Äthiopier in Südarabien ein und besetzten es eine Zeitlang; im Osten waren die Iraner zahlreich, und in den klassischen Texten ist die Rede von griechischen Kolonien in der Umgebung des Jemen. Wenn auch eine große Zahl von Juden aus Arabien zweifellos zum Judentum übergetretene Eingeborene waren, so kamen doch manche von ihnen sicherlich aus Palästina. Das Christentum wurde vor allem durch die Syrer verbreitet. Farbige aus Afrika und Gruppen mit kuschitischer Sprache, Vorläufer der heutigen Somalier, waren wahrscheinlich auch ziemlich zahlreich.

Der Islam vermehrte die Einwanderungen durch die allgemeine Vermischung der Völker, die er nach sich zog, durch die Einführung der Pilgerreise nach Mekka und durch das Ansehen der beiden heiligen Städte Mekka und Medina. Bedeutende Kolonien von Türken aus Kleinasien und von Indonesiern ließen sich dort nieder. Sklaven jeglicher Herkunft mischten sich unter die Bevölkerung. Die indischen Händler etablierten sich in den Hafenstädten. Somalier, Äthiopier und Iraner strömten ins Land. Die meisten dieser Gruppen arabisierten sich. Einige Stämme jedoch, die bestimmte verachtete Berufe ausübten, werden bis heute als Fremde angesehen.

Die in jüngster Zeit stattfindende relative Modernisierung, die sich auf bestimmte Wirtschaftssektoren beschränkt, verursachte die Einwanderung eines Subproletariats (wie auch von Handwerkern und verschiedenen Fachleuten) aus Jemen, Sudan, aber auch aus Ländern wie Pakistan, Indien und Korea nach Saudi-Arabien und in die kleinen Ölstaaten des Persischen Golfes.[24]

Man schätzt die Bevölkerung der Halbinsel auf 17 bis 20 Millionen Einwohner, eine annähernde und unsichere Schätzung. Aufgrund dieser Ungewißheit kann man die gleiche Ziffer für die Anzahl der Araber und Arabisierten beibehalten.

### *Der Fruchtbare Halbmond*

Die Länder, die wie ein Bogen die syrisch-mesopotamische Wüste im Norden der Arabischen Halbinsel umschließen, erhielten unlängst den pauschalen Namen Fruchtbarer Halbmond. Man unterscheidet dabei herkömmlicherweise die geographischen Gegenden von Syrien (dazu gehören unter dem gleichen Gesichtspunkt der Libanon, Palästina und Transjordanien) und Mesopotamien oder ʿIrāq. Diese fruchtbaren Länder, die eines der Hauptgebiete der Landwirtschaft und der städtischen Zivilisation bilden, werden mindestens seit dem 3. Jahrtausend v. Chr. von Völkern semitischer Sprache bewohnt. Große ethnische Vermischungen haben seit dieser Zeit und sogar vorher in dieser Gegend stattgefunden. Nach der assyrischen und babylonischen Eroberung in der ersten Hälfte des 1. Jahrtausends (mit Deportation der Bevölkerung) hat sich unter dem Joch des großen persischen Reiches von 539 bis 331 eine politische Einigung vollzogen. Sie wurde von noch intensiverer ethnischer Vermischung und einer sprachlichen Vereinheitlichung begleitet: der gesamte Fruchtbare Halbmond nahm die aramäische Sprache an, während die anderen semitischen Sprachen dieser Gegend (Akkadisch, Phönizisch, Hebräisch usw.) allmählich aufgegeben wurden. Alexanders Eroberung eröffnete ein Jahrtausend der Hellenisierung. Es entstanden griechische und mazedonische Kolonien. Seit dem Jahre 64 vor unserer Zeitrechnung ließen sich unter dem Römischen Reich zahlreiche Gruppen aus allen Teilen dieses riesigen Staates hier nieder. Die persischen Staaten stritten sich mit den Römern um Mesopotamien, was die persische Einwanderung in diese Gegend verstärkte. Ein Jahrtausend lang herrschte die griechische Sprache in der reichen, kultivierten Klasse, während die Massen dem Aramäischen treu blieben. Die hellenischen und orientalischen kulturellen Eigenschaften vermischten und bekämpften sich. Je nach den Gebieten war der Akkulturationsprozeß sehr ungleichmäßig.

Bereits in dieser Epoche begann die arabische Durchdringung, auch wenn man die gegenwärtig verworfene Hypothese nicht in Betracht zieht, wonach alle semitisch-sprachigen Völker des Fruchtbaren Halbmonds in aufeinanderfolgenden Wellen aus Arabien kamen. Arabische Stämme – Nabatäer mit Namen – übten seit mindestens dem 7. Jahrhundert v. Chr. im Osten und Süden des Toten Meeres einen Druck auf das Volk von Edom aus, in dem Israel einen rivalisierenden Bruder sah. Sie absorbierten es und gründeten das Reich von Nabatäa, das Josef und die Apostelgeschichte Arabien nennen. Dieser Staat führte Aramäisch und Griechisch als offizielle Sprachen ein, doch seine Bewohner waren Araber. Dieses im Jahre 106 vor unserer Zeitrechnung durch Rom annektierte Territorium bildete die Provincia Arabia. Auch weiter nördlich fand eine kontinuierliche arabische Einwanderung statt. Als die seßhaften Staaten zur Zeit des Niedergangs der Seleukiden schwächer wurden, bildeten sie kleine Königreiche wie die iturische Dynastie von Ptolemäus, dem Sohn des Mennaeos, der sich in Chalkis (ʿAnjarr) in Coelesyria niederließ, und zwar in der Ebene zwischen den Libanon-Bergen und dem Anti-Libanon, die heute die Beqāʿ genannt wird, sowie die Dynastie von Samsigeram in Emesa (Homs). In Obermesopotamien gründete die Dynastie der Abgar in Edessa das Königreich von Osroene und aramäisierte sich rasch. Der römische Teil von Syrien war teilweise von Arabern bewohnt. Der Kaiser Septimus Severus heiratete eine Araberin von Emesa, Julia Domna, deren Kinder und Enkelkinder Rom regierten. Ein wenig später wurde Philippus Arabs aus Shuhba in Huran römischer Kaiser von 244 bis 249. In der syrisch-mesopotamischen Wüste war die Karawanenstadt Tadmor (Palmyra), aus der ein palmyrisches Reich von kurzer Dauer entstand (262–272), arabisch, obwohl sie neben dem Griechischen den aramäischen Dialekt als Amtssprache benutzte. In Mesopotamien war bereits um 400 v. Chr. zur Zeit von Xenophon eine Gegend so arabisiert, daß dieser sie Arabien nennt.

Diese Unterwanderung verstärkte sich in der späten römischen Epoche und in der byzantinischen Zeit. Mit der Eroberung des Landes durch die arabisch-islamischen Armeen von 633–643 änderte sie ihren Charakter. Die Araber als Herren des Landes und von ihrer eigenen Ideologie, dem Islam, geleitet, glichen sich nicht mehr den Seßhaften an, sondern arabisierten vielmehr die besiegten Völker. Die neuen Großstädte (Kufa und Basra im Irak) sind anfangs (wie Fustat in Ägypten und Kairuan in Tunesien) große Lagerstätten, wo sich die aus Arabien kommenden Araber mit ihren Frauen, Kindern und Schutzbefohlenen aufhalten. Es sind gleichzeitig wichtige Marktplätze, und die Kontakte mit den Bauern der Umgebung geschehen in arabischer Sprache, wie es auch in den Siedlungen im Irak zwischen den arabischen Herren und ihren Sklaven der Fall ist. Arabisch wird unter ʿAbd al-Malik (685–705) Verwaltungssprache. Unter den Abbasiden (nach 750) breiteten sich die Araber und die ersten Arabisierten auf dem Lande aus. Die Bekehrung zum Islam, die nicht erzwungen wurde, die aber große steuerliche und soziale Vorteile gewährte, trug auch zur Arabisierung bei. Selbst eine sehr summarische religiöse Ausbildung beinhaltet eine gewisse Vertrautheit mit dem arabischen Text des Koran. Die Bekehrung wird oft von einem Beitritt zu den arabischen Stämmen durch Adoption begleitet.

Trotz der raschen Arabisierung des Fruchtbaren Halbmonds wurden die aramäischen Sprachinseln im Libanon, Anti-Libanon und im Norden des Irak nur sehr langsam reduziert. In der letztgenannten Gegend sind sie noch heute bedeutend, doch in Syrien beschränken sie sich auf drei Dörfer im Anti-Libanon.

Die spätere bewegte Geschichte erlebte das Eindringen zahlreicher ethnischer Gruppen in den Fruchtbaren Halbmond, sei es durch Vermischungen der Bevölkerung innerhalb des islamischen Reiches (verschiedene Gruppen kamen und siedelten sich weit entfernt von ihrer ursprünglichen Heimat an oder sie wurden von den Machthabern umgesiedelt) oder durch gewaltsames Eindringen der Beherrscher: Türken, Kurden, (Perser), Armenier. Die Staaten, die von den westlichen Kreuzfahrern zwischen 1099 und 1291 gegründet wurden, waren wohl kurzlebig, aber viele Franken heirateten Einheimische, und eine Reihe ihrer Nachkommen haben sich assimiliert. Außerdem kamen immer in kleineren Gruppen Einwanderer von den Mittelmeerküsten. Die Völkervermischung, die stets stattfindet, wenn neue politische Grenzen einen weiten Raum mit pluri-ethnischer Bevölkerung umfassen, schloß im Osmanischen Reich Gruppen neuer Herkunft ein, die weit über die Balkanländer hinausgingen. Am Ende des 19. Jahrhunderts kamen die muslimischen Tscherkessen vom Kaukasus, die vor der russischen Eroberung flohen, und bereicherten dieses bunte Mosaik noch.

Die Einwanderung der Juden aus verschiedenen Ländern ins arabisierte Palästina, dem Heiligen Land ihrer Vorfahren, hatte fast nie aufgehört; aber die Zahl der Frommen, die ihr Leben in der Nähe des Theaters der vergangenen und zukünftigen Gotteserscheinungen beschließen wollten, war sehr begrenzt. Die iberischen Juden, die Ende des 15. Jahrhunderts massenweise ausgewiesen wurden, suchten in großer Zahl Zuflucht bei der osmanischen Toleranz, und Tausende von ihnen ließen sich in Palästina nieder. Die langsame Einwanderung in den folgenden Jahrhunderten änderte ihren Charakter, als der Untergang des Osmanischen Reiches im 19. Jahrhundert die Glaubwürdigkeit der (vor allem protestantischen) Projekte für einen jüdischen Staat erhöhte; hinzu kam, daß die antisemitischen Verfolgungen in Rußland nach 1881 ein dramatisches Ausmaß annahmen, und vor allem, daß sich die Bewegung des politischen Zionismus ernsthaft organisierte (1897) mit dem erklärten Ziel der Judaisierung Palästinas. Dieses Projekt wurde teilweise, wie wir wissen, in Etappen verwirklicht: die Balfour-Erklärung (1917), die jüdische Einwanderung unter dem Schutz des britischen Mandats über Palästina, die die jüdische Bevölkerung in diesem Gebiet von 11% auf 31% ansteigen ließ, der Teilungsbeschluß der UNO und der britische Rückzug, die Ausrufung des Staates Israel (1948) und der Krieg von 1948, der das Territorium des jüdischen Staates vergrößerte, schließlich der Juni-Krieg 1967, der ihm unter anderem dazu verhalf, den Rest von Palästina diesseits des Jordans zu erobern. Der Oktober-Krieg von 1973 hat noch einige weitere Distrikte der Judaisierung geöffnet, die seitdem in den 1967 besetzten Gebieten intensiviert wurde. Es ist bekannt, daß das Exil die arabischen Palästinenser in die angrenzenden Länder und manchmal noch weiter zerstreut hat. Wir wissen ferner, daß der Verlust eines arabischen Territoriums und seine Umwandlung in einen fremden Staat von vielen Arabern noch in jeder Weise abgelehnt werden, trotz der neueren Resignation (ausdrücklich formuliert oder nicht) mehrerer arabischer Staaten vor der vollendeten Tatsache.

Abgesehen von dieser israelischen Enklave zählt der Fruchtbare Halbmond noch einige nichtarabische Inseln. Im Irak (wie auch im Iran und in der UdSSR) befinden sich Christen (vor allem Nestorianer), die man Assyrer nennt, und eine Reihe Juden, die einen neo-aramäischen orientalischen Dialekt sprechen. Ihre Zahl beläuft sich auf ungefähr 35 000. Einige 10 000 Mandäer sprechen einen anderen Dialekt der gleichen Gruppe. Die drei Dörfer im Anti-Libanon mit aramäisch-westlichem Dialekt zählen kaum 4 000 Menschen. Die Anzahl der Kurden, die eine indo-europäische Sprache der persischen Gruppe sprechen, soll im Irak 2 000 000,fin Syrien 300 000 und im Libanon einige Tausend betragen; im Irak soll es etwa 90 000 andere Iraner geben. Die Tscherkessen sollen 25 000 in Syrien, 20 000 in Jordanien und 8 000 im Irak zählen. Die Anzahl der Türken und Turkmenen beläuft sich in Syrien auf 35 000 und im Irak auf 100 000. Die oftmals arabisierten Zigeuner, die in dieser Region verstreut leben, machen einige Zehntausend aus. In Syrien sollen die Armenier die Zahl von 135 000, im Libanon von 85 000 und im Irak von 30 000 erreichen.

Alle diese Zahlen wurden Schätzungen entnommen, die auf sehr unsicheren Kriterien basieren und auf unterschiedliche Zeitpunkte zurückgehen. Sie sind sehr unzuverlässig. Die Regierungen hüten sich im allgemeinen, ethnische oder sprachliche Statistiken zu erstellen aus Furcht, den separatistischen Bewegungen Argumente zu liefern. Diese Bewegungen wiederum haben die Tendenz, übertriebene Schätzungen der Anzahl von Nicht-Arabern anzugeben.

Viele der oben erwähnten fremdstämmigen Gruppen sind teilweise arabisiert. Oft zählt die politische araberfeindliche Polemik diese zusammen und übertreibt sie, indem sie die konfessionellen Minderheiten mit einschließt, um ein Bild des Fruchtbaren Halbmonds aufzuzeigen, das nur fiktiverweise arabisch sei. Doch dieses Bild ist gewiß verfälscht. Die konfessionellen Minderheiten, deren Mitglieder Arabisch sprechen, lassen sich nicht aufgrund der Tatsache, daß sie keine Muslime sind, aus dem Arabertum ausschließen. Benennungen wie »griechisch-orthodox«

dürfen diesbezüglich keine falschen Vorstellungen hervorrufen. Die Mitglieder dieser religiösen Gruppe sind arabisierte Christen des byzantinischen Ritus, die die griechische und arabische Sprache in ihrer Liturgie benutzen. Allerdings darf man andererseits nicht verhehlen, daß dieses ethnisch-sprachliche Ararbertum nicht die oben erwähnten Probleme beseitigt, deren Existenz die nationalistisch-arabistische Ideologie zu leicht verneint. Die Zukunft dieser Probleme ist unabsehbar. Doch im Augenblick beschränken nur die Kurden und die Israelis ein wenig die Hegemonie der arabischen Ethnie auf dem Fruchtbaren Halbmond.

Man kann daher davon ausgehen, daß von den ca. 29,5 Millionen Einwohnern der fünf Staaten des Fruchtbaren Halbmonds ungefähr 22 Millionen Araber sind.

### *Ägypten*

Mindestens seit dem Ende des 4. Jahrtausends v. Chr. hat die Bevölkerung Ägyptens, die wie woanders auch aus Migrationen und vorhistorischen Vermischungen entstand, deren Einzelheiten uns immer unbekannt bleiben werden, eine Sprache angenommen, die einen besonderen Zweig in der großen hamitisch-semitischen Sprachfamilie bildet. Es ist das Altägyptisch, das man zuerst mit Hilfe der sogenannten Hieroglyphenschrift schrieb. Im historischen Altertum können wir besser die Einzelheiten der ethnischen Einwanderungen unterscheiden: Menschen aus Westasien mit semitischer Sprache im Osten, Libyer und andere Gruppen (darunter sicher viele Protoberber) im Westen, Schwarze aus verschiedenen Stämmen im Süden, ägäische Völker und Küstenbewohner des Mittelmeeres, die über das Meer gekommen waren, im Norden.

Die Ägypter, die oberflächlich hellenisiert waren, aber auch beeinflußt von griechischen, mazedonischen, syrischen, jüdischen und anderen Ansiedlern zur Zeit der Lagiden und der Römer, wurden von den Arabern *Qibt* und von den Äthiopiern *Gebs* genannt. Dies ist eine entstellte Form des griechischen Namens von Ägypten (der sich von dem einheimischen Namen der Hauptstadt Memphis herleitet), und der uns die Bezeichnung »Kopte« gegeben hat. Koptisch nennt man auch die entwickelte altägyptische Sprache, die mit Hilfe des griechischen Alphabets geschrieben wird mit einigen zusätzlichen, aus der alten Schrift adaptierten Buchstaben. Trotz heftigen Widerstands des Heidentums hat sich das Christentum fest eingebürgert und eine spezifisch ägyptische Form angenommen. Die koptische Kirche bringt eine reichhaltige Literatur hervor und schließt sich hauptsächlich aus ägyptischem Nationalismus der monophysitischen Glaubensrichtung an.

Schon lange vor dem Islam setzt die arabische Einwanderung die andauernde Infiltration der Völker semitischer Sprache von Westasien fort, die durch den Sinai und das Rote Meer kamen. Bereits Herodot (II, 8) nennt die sich im Osten des Nils befindende Gebirgskette »Berg Arabiens«. Strabon und Plinius situieren die arabischen Stämme zwischen dem Nil und dem Roten Meer. Die Stadt Koptos, heute *Quft* in Oberägypten, soll zur Hälfte von Ägyptern und zur anderen Hälfte von Arabern bewohnt worden sein, die wiederum Nachfolger anderer »Semiten« waren.

Die arabische Eroberung 640 – 641 änderte den Charakter der Einwanderung grundlegend. Wie im Fruchtbaren Halbmond begann ein Prozeß langsamer Arabisierung zunächst um die Lagerstätte von Fusṭāṭ (Altkairo). Aber er wurde durch die Einwanderung zahlreicher Beduinensippen und -stämme aus Arabien in hohem Maße verstärkt. Diese Beduinen führten lange Zeit – wie ihre vorislamischen Vorfahren – ein Nomadenleben in den westlichen und östlichen Wüstenstreifen an den Grenzen der kultivierten Zone. Ihre Aufstände wurden häufig und sehr brutal unterdrückt. Doch viele von ihnen wuden allmählich seßhaft und vermischten sich mit den eingeborenen Bauern, zu deren Arabisierung sie beitrugen. Die Abwanderung zahlreicher Bauern in die Großstädte war ebenfalls eine wichtige Komponente für die Arabisierung. Die Islamisierung verlief parallel dazu, aber nach anderen Gesetzmäßigkeiten. Wie anderswo auch gab es physischen Zwang nur in bestimmten Ausnahmefällen und vorübergehend. Doch der leise Druck durch soziale und besonders steuerliche Vorteile infolge des Beitritts zum Islam hatte einen langsamen, aber wirksamen Effekt. Die Kopten, wie man nunmehr diejenigen nennt, die Christen blieben, sind am längsten ihrer altangestammten Sprache treu geblieben. Erst nach dem Jahre 1000 schwand die koptische Sprache im ganzen Lande aus dem alltäglichen Gebrauch. Nach dem 14. Jahrhundert gab es praktisch keine abgeschriebenen Manuskripte oder Inschriften mehr auf Koptisch. Selbst die christlichen Geistlichen verfaßten ihre religiösen Abhandlungen auf Arabisch. Die koptische Sprache überlebte nur in der Liturgie der ägyptischen Kirche, neben dem Arabischen übrigens. Die Bewohner abgelegener Dörfer (und vielleicht auch einige Familien) sprachen weiterhin Koptisch, aber ihre Anzahl reduzierte sich mehr und mehr. Vor kurzem hat man ein Dorf entdeckt, in dem einige koptische Ausdrücke im arabischen Dialekt fortbestehen.

In der islamischen Epoche wanderten noch andere Gruppen Fremdstämmiger in Ägypten ein: mit den Fatimiden im 10. Jahrhundert kamen Berber nach Ägypten (die es immer an der Westgrenze gegeben hat, und die Gruppe der Siwa-

Oasen spricht einen berberischen Dialekt mit vielen arabischen Ausdrücken), die Kurden mit Saladin im 12. Jahrhundert, zahlreiche Militärsklaven türkischer und nordkaukasischer Abstammung, die Mamelucken, die seit dem 13. Jahrhundert die Führungskaste bildeten. Diese türkischen und kaukasischen Familien genießen immer noch ein aristokratisches Prestige in der ägyptischen Gesellschaft. Die armenische, griechische und europäische Einwanderung in die Städte, die nie abgebrochen war, nahm seit dem 16. Jahrhundert unter der osmanischen Vorherrschaft an Bedeutung zu. Vor allem im 19. Jahrhundert unter englischer Besatzung (nach 1881) wurde sie zu einer Welle der Einwanderung. Die Wiedererlangung der ägyptischen Autonomie nach 1952 hatte Auswirkungen, die viele dieser Ausländer veranlaßten, das Land zu verlassen.

Fast alle 38 Millionen Ägypter sprechen heutzutage Arabisch und können auch als Angehörige der arabischen Ethnie betrachtet werden, wenn man die oben schon erwähnten Kriterien zugrunde legt. Was man auch immer in einer bestimmten polemischen Literatur dazu sagen mag, so sind die Kopten, die Vertreter der christlichen Religion, ein Teil dieser Ethnie, auch wenn – wie bereits ausgeführt wurde – bestimmte übertriebene Formen des arabischen Nationalismus dahin zielen, ihre nationale Treue in Zweifel zu ziehen, was bei jenen wiederum bestimmte Probleme hervorruft. Ihre Anzahl war Anlaß zu widersprüchlichen Schätzungen. Vier Millionen wäre vielleicht eine vernünftige Schätzung.

## *Sudan*

Das Gebiet südlich von Ägypten, das durch die heutigen politischen Grenzen des Staates Sudan[25] begrenzt ist, ist seit der Vorgeschichte ein begünstigter Ort für Kontakte und Verflechtungen ethnischer Stämme mit schwarzer Hautfarbe und anderer Stämme mit mehr oder weniger weißer Haut, die im Norden und Osten ihr Zentrum haben. Im Laufe der Zeit waren die Migrationen und ethnischen Vermischungen hier zahlreich und intensiv. Seit langem gab es hier unter anderem Völker kuschitischer Sprache, d.h. Völker einer Sprachfamilie, die zusammen mit den semitischen, berberischen und ägyptischen Gruppen zu der großen hamitisch-semitischen Sprachfamilie gehören. Vielleicht besaßen sie sogar eine dominierende Stellung im Königreich von Meroë in der zweiten Hälfte des 1. Jahrtausends vor unserer Zeitrechnung. Aber das ist nicht sicher. Jedenfalls waren seit sehr langer Zeit die Gruppen schwarzer Hautfarbe am zahlreichsten vertreten.

Unter all diesen Bevölkerungsgruppen gab es seit dem 1. Jahrhundert v. Chr. auch arabische Stämme, wenn man einigen griechischen und lateinischen Texten Glauben schenken kann. Die großen muslimischen Eroberungszüge im 8. Jahrhundert überschritten zwar nicht die südliche Grenze von Ägypten. Die Araber schlossen einen dauerhaften Koexistenzvertrag, den *bagt* (aus dem Lateinischen *pactum*, griechisch *pakton*) mit dem Königreich von Muqarra (Hauptstadt Dongola), das sich jenseits dieser Grenze ausbreitete. Wie das Königreich von 'Alwa (Hauptstadt Sōba) weiter südlich, waren sie (seit kurzem) christliche Staaten, und ihre herrschenden Stämme gehörten einer negriden Ethnie an, den Nuba, (von denen sich der Name Nubien ableitet). Doch arabische Beduinenstämme, die aus Ägypten kamen, drangen – vor allem seit dem 11. Jahrhundert – langsam ins Land ein. Seit dem 14. Jahrhundert erzielte die muslimische Propaganda wichtige Fortschritte. Das Königreich von Dongola wurde um 1350 zerstört und das von 'Alwa im Jahre 1504.

Im 16. Jahrhundert eroberten nilotische Neger, die Fung (oder Fundj), das Gebiet und gründeten das sogenannte Königreich von Sennar. Sie vermischten sich mit den Arabern (sowie mit den anderen bereits angesiedelten Bevölkerungsgruppen) und islamisierten sich allmählich. Ihre Oberschicht lernte Arabisch. Die herrschende Dynastie erdichtete sich eine arabische (omajjadische) Genealogie. Die ägyptische Eroberung (1820–1822) verstärkte die Arabisierung und Islamisierung noch um einiges.

Diese Eroberung und ihre Ausbreitung gen Westen und Süden durch die (arabischen und europäischen) Gouverneure im Dienste Ägyptens legten die Grenzen des heutigen Sudan fest. Sie bestätigen die Vorherrschaft der arabischen und arabisierten Bevölkerungsgruppen (sowie gleichzeitig der muslimischen) des Nordens und des Zentrums über die Bedja-Nomaden kuschitischer Sprache im Nord-Osten und über die Ethnien im Westen und vor allem im Süden, die negro-afrikanische Sprachen sprechen. Diese Situation hat ungeachtet der politischen Verhältnisse des Sudan angedauert: ägyptische Kolonie bis 1881, Staat des Mahdi von 1881-1898, theoretisch anglo-ägyptische, tatsächlich britische Kolonie von 1899–1955; unabhängige Republik seit dem 1. Januar 1956. Die Arabisierung setzte sich langsam fort. Bei der Volkszählung von 1956 erklärten 38,5% der Bevölkerung ihre arabische Abstammung und 51,5% versicherten, Arabisch zu sprechen; beide Angaben sind wahrscheinlich übertrieben.

Die Unabhängigkeit brachte eine von arabischem Nationalismus durchdrungene Verwaltung an die Macht, die die Bemühungen der Arabisierung und Islamisierung des animistischen und zum Teil christlichen Süden systematisierte. Diese Politik, die von brutaler Unterdrückung begleitet wurde, verursachte den blutigen Aufstand der sogenannten

Anyanya. Im März 1972 beendete ein Vertrag diesen Konflikt, der dem Süden eine gewisse Autonomie innerhalb der Republik gewährte.

Unter Berücksichtigung der demographischen Zunahme werden im Jahre 1976 im Sudan von den 16 Millionen Einwohnern 7 bis 8,5 Millionen Araber gewesen sein. Die südliche Grenze des Arabertums nähert sich dem 10. nördlichen Breitengrad. Weiter nördlich gibt es zwar die kleine (Sprach)Insel Bedja im Nord-Osten (640 000 im Jahre 1956) sowie Gebiete im Nord-Westen, Westen und im Zentrum, wo negro-afrikanische Sprachen gesprochen werden (1 256 000 zur gleichen Zeit). Es gab damals etwa 10 231 000 Einwohner.

## *Nordafrika*

Von der Sīwa-Oase im Westen Ägyptens bis zum Atlantik erstreckt sich das riesige Gebiet, das für lange Zeit das Land der Berber war: Libyen, Tunesien, Algerien, Marokko. Die vorgeschichtliche Archäologie und Anthropologie bezeugen Migrationen und Vermischungen von Völkern, denen wir keine sprachliche Identität nachweisen können. Wir kennen nicht die Sprache dieser »Libyer« mit blauen Augen und blonden Haaren, die seit der vordynastischen Periode am Ende des 4. Jahrtausends v. Chr. die westlichen Nachbarn der Ägypter waren, mit ihnen kämpften, in das nordwestliche Delta eindrangen und sich mit ihnen auch zum Teil vermischten. Die Namen, die ihnen die Ägypter geben (*Tschehenou*, dann *Tchemehou*, viel später *Meshwesh* und schließlich im 13. Jahrhundert vor Chr. *Lebou*, das dem Namen Libyer entspricht), wechseln und bezeichnen zweifellos unterschiedliche Gruppen. Doch verschiedene von ihnen gebrauchte Ausdrücke, die in den ägyptischen Texten überliefert werden, inbesondere aus der Zeit, als die libyschen Pharaonen Ägypten beherrschten (950–700), scheinen sehr wohl berberische Wörter zu sein. Es hatte dort wahrscheinlich – wenigstens seit dieser Epoche – die Expansion eines ethnischen Kerns stattgefunden, der einen der libysch-berberischen Dialekte spricht, die einen der vier Zweige der großen hamitisch-semitischen Sprachfamilie bilden. Wir wissen nicht – und werden zweifellos nie wissen –, wo sich ihre »ursprüngliche« Heimat befand und wann sie sie verließen, oder wann sie sich von dem noch älteren Kern getrennt haben, wo der gemeinsame Vorfahre dieser Sprache gesprochen wurde, und deren geographische und chronologische Lage ebenfalls unbekannt blieb. Wie üblich assimilierten, zerstörten oder ordneten sich die »Libyco-Berber« alle Völker unter, die vor ihnen in diesem ausgedehnten Gebiet existierten.

Die phönizischen (Karthager oder Punier) und griechischen Ansiedler des 1. Jahrtausends v. Chr. änderten nur am Rande die ethnische Zusammensetzung dieses Gebietes. Die Cyrenaika wurde hellenisiert. Die uns von den griechischen und lateinischen Autoren seit dem 3. Jahrhundert v. Chr. beschriebenen Völker, wie die Mauren in Marokko, die Masaesylen und Massylen (oder Numiden) in Algerien, die Getulen im Süden waren gewiß Berber. In ihrer Sprache wurden die libyschen Inschriften verfaßt, von denen die ältesten aus dem 2. Jahrhundert sind. Unter der römischen Republik und dem römischen Reich, die alle diese Länder zwischen dem 2. Jahrhundert v. Chr. und der Mitte des 1. Jahrhunderts n. Chr. annektierten, verbreitete sich das Lateinische als Sprache der Verwaltung, des Rechts und der Armee. Doch es gab keine tiefere Latinisierung, außer auf einem begrenzten Gebiet, wo die punische Sprache zu schwinden schien. Die Berbersprache blieb die alltägliche

Sprache der Eingeborenen sowie die einzige Sprache der Bauern und Beduinen. Zumindest seit dem Jahre 250 gab es unausgesetzt berberische Aufstände, die den unaufhörlichen Einfluß des Lateinischen noch begrenzen mußten.

Die Araber eroberten das heutige Libyen zwischen 642–643. Die im Jahre 647 begonnene Eroberung des übrigen byzantinischen und berberischen Maghreb wurde kurz nach 700 beendet. Der Arabisierungs- und Islamisierungsprozeß begann damit und folgte dem gleichen Modell wie im Orient, zunächst im Umkreis der großen Lagerstätte Kairuan. Aber er stieß auf sehr viel heftigeren Widerstand der Berber. Diese bekämpften die eindringenden Armeen militärisch, ungezähmt als Angehörige freier Stämme und mit viel größerer Entschiedenheit als die Untertanen despotischer Staaten des Vorderen Orients, die sich bereits in einem Zustand ideologischer Spaltung befanden. Besiegt, im Prinzip unterworfen und bereits islamisiert, nahmen sie die Kämpfe auf, indem sie abtrünnigen islamischen Bewegungen anhingen, die man als Häresien betrachtete und die sogar unter arabischer Verwaltung ihren Partikularismus förderten. Ein Fortschritt der Arabisierung zeigte sich erst in der Mitte des 11. Jahrhunderts mit der massiven Einwanderung arabischer Stämme aus dem Orient. Um diese Zeit beginnt die Ära der berberischen Dynastien, die von eingeborenen Führern geleitet wurden, und die eine religiöse Reform predigten, die Almoraviden (1060–1145), dann die Almohaden (1145–1296) und ihre Nachfolger. Diese Führer benutzten manchmal auch die berberische Sprache, um ihre Propaganda zu verbreiten.

In der osmanischen Periode (16.–19. Jahrhundert) halten die Berber noch Positionen in Libyen, das schon im wesentlichen arabisiert wurde. In Algerien und Tunesien ist die osmanische Herrschaft nur theoretisch. Doch es herrscht eine Oligarchie türkischer Sprache vor, die durch die zum Islam konvertierten, ehemals christlichen Europäer und Levantiner noch vergrößert wird, während die Arabisierung des Landes weiter fortschreitet. Marokko – wie auch Mauretanien – entgehen der osmanischen Herrschaft. Die marokkanischen Dynastien behaupten von sich, direkte Nachkommen des Propheten zu sein, also eine arabische Herkunft zu besitzen; doch die Berber-Sprache hält weiterhin wichtige Positionen in diesem Land.

Die französische Kolonisation im Maghreb sowie die italienische in Libyen (die je nach Land zwischen 1830 und 1912 begann) brachten eine große Menge europäischer Siedler mit sich. Aber diese vermischten sich sehr selten mit der arabisch-berberischen Bevölkerung, und die zwischen 1951 und 1962 errungene Unabhängigkeit all dieser Länder veranlaßte die Auswanderung der meisten dieser fremden Einwanderer.

Gegenwärtig ist die ethnisch-sprachliche Lage kompliziert. Eine objektive Prüfung der Tatsachen, die übrigens sehr schwanken, wird noch erschwert durch die damalige Benutzung der Partikularismen der Berberophonen seitens der Kolonialmacht oder durch die Negierung dieser Partikularismen im Namen der arabistischen Ideologie von heute. Man muß auf die Tatsache hinweisen, daß viele der gegenwärtigen Araber in dieser Region arabisierte Berber sind, die sich mit Nachkommen der Araber aus Arabien und mit anderen vermischt haben. Es gab sogar berberisierte Araber. Einen arabischen oder einen berberischen Dialekt zu sprechen bedeutet nicht notwendigerweise – jedenfalls nicht immer –, eine entsprechende Ideologie der ethnischen Identität oder spezifische Kultureigenschaften zu besitzen. Die Zweisprachigen sind in sehr großer Zahl vertreten. Überall ist das klassische Arabisch die einzige Kultursprache. Die berberischen Dialekte sind nur ausnahmsweise aufgeschrieben worden. Der Berberophone betrachtet im allgemeinen das Arabische als die Amtssprache, ungefähr wie die Bretonen oder Basken vor kurzer Zeit noch – und manche immer noch – das Französische. Doch einem Fremden gegenüber geben sie sich meist als Araber aus.

Die nach Osten vorgerückte Spitze der Berber-Sprache ist die Sīwa-Oase im Westen von Ägypten (etwa 4 000 Personen?). In Libyen werden die Berberophonen etwa 55 000 zählen. In Tunesien hingegen ergeben die 6 Dörfer auf der Insel Djerba und 7 weitere Dörfer im Süden des Landes ungefähr 20 000 Berberophone, von denen ein Teil derer, die in die Städte abwanderten, ihre Sprache beibehielten und sie oft als Geheimsprache unter sich benutzten. In Algerien ist der Anteil der Berberophonen wesentlich größer: 30% wird behauptet, das bedeutete heutzutage über 5 500 000. Sie sind vor allem auf die Regionen Kabylien im Norden und Aurès im Süd-Osten konzentriert. Im ehemaligen Bezirk von Konstantine hat man einen Anteil von 38% registriert, sowie 37% im Bezirk Algier und 10% im Bezirk von Oran. In Marokko ergaben Schätzungen einen Anteil von 40% Berberophoner, was heute ungefähr 7 Millionen Einwohnern entspricht. Diese Zahlen scheinen übertrieben, aber jede diesbezügliche Statistik ist aus politischen Gründen undurchführbar. Jedenfalls spricht eine sehr große Anzahl all dieser Berberophonen auch Arabisch. Es ist die Sahara, die zum größten Teil berberophon ist.

Die Mehrdeutigkeit des ersten Punktes unserer Definition der arabischen Ethnie (siehe S. 54) wird hier spürbar. Viele der heutigen Berberophonen sind offenbar der Ansicht, daß Arabisch die Sprache ist, die sie auch sprechen müßten; daß es ihre »natürliche« und »normale« Sprache wäre, wenn sie ausreichend kultiviert und in der gesellschaftlichen

Rangordnung aufgestiegen wären. Doch dies hindert sie nicht daran, ihrem berberischen Dialekt anzuhängen, den sie ebenfalls als ihre »natürliche« und »normale« Sprache betrachten: im Alltagsleben, für die täglichen Beziehungen und auch, um die mündlich überlieferte Literatur zu genießen. Diese komplizierte Lage unterscheidet sich nicht sehr von der Lage der Regionalisten in Frankreich, z.B. der der provenzalischen Mundartdichter vor dem Hervortreten der echten separatistischen Nationalismen.

Diese Tatsache bedeutet für uns ein schwieriges Problem in der Abgrenzung und quantitativen Bewertung der arabischen Ethnien. Wenn man nur die Anerkennung der arabischen Sprache als sprachliche Norm der politischen Einheit betrachtet, zu der man gehört, dann kann man praktisch alle Berberophonen in die arabische Ethnie aufnehmen, was bedeuten würde, alle 44,5 Millionen Einwohner dieser Gegend (abzüglich ungefähr 270 000 Europäer) darin einzubeziehen. Wenn man allerdings ausschließlich die täglich benutzte Muttersprache in Betracht zieht, dann müßte man etwa zehn Millionen Menschen davon abziehen, um sie zu der berberischen Ethnie zu zählen. Es ist allerdings nicht auszuschließen – wenn wir uns andere Beispiele vergegenwärtigen –, daß die zukünftige politische Entwicklung mindestens einen Teil der Berberophonen dazu veranlaßt, sich deutlich zugunsten der einen oder der anderen Ethnie zu entscheiden.

### *Mauretanien*

In maximaler Entfernung von Saudi-Arabien gelegen, erinnert Mauretanien paradoxerweise sehr stark an dessen Lebensbedingungen sowie an die ethnischen und sozialen Strukturen Arabiens. Und doch war dieses Land lange Zeit von negro-afrikanischen Völkern bewohnt, die in der Folge durch die vom Norden kommenden berberischen Invasionen zurückgedrängt wurden. Man weiß nicht, wann diese Invasionen begannen, aber sie verstärkten sich durch die arabische Eroberung Nordafrikas im 7. Jahrhundert. Die berberische Unterwanderung war sehr langsam, und die Islamisierung fand erst im 11. Jahrhundert statt, und nicht ohne langen Widerstand. Allem Anschein nach beginnt oder verstärkt sich seit dem 14. Jahrhundert die arabische Einwanderung von Süd-Marokko aus, vor allem seitens der Angehörigen des Stammes Ma'qil, die in letzter Instanz aus Arabien gekommen waren. Die allgemeine Arabisierung der berberophonen Stämme geschieht in den folgenden Jahrhunderten unter verwickelten Kämpfen zwischen Koalitionen, in denen arabophone und berberophone Gruppen auftreten; aus ihnen gehen die Emirate hervor mit arabischen Führern und die Maraboutgruppen, die sich auf die Ideologien des Arabertums oder des Islam berufen.

Mauretanien ist heute mehrheitlich ein Land, das man der arabischen Ethnie zurechnen muß. Die letzte Gruppe der Berberophonen ist kürzlich verschwunden. Unter 1 320 000 Einwohnern (Schätzung für 1976) gibt es zahlreiche Schwarze, vor allem im Süden, die Wolof, Peul oder Sarakollé sprechen. Bisher wurde darüber keine Statistik veröffentlicht. Man spricht von 20 oder 30% der Bevölkerung. Die Schwarzen selber behaupten sogar, 50% der Bevölkerung auszumachen.

Die ehemals spanische Sahara (ungefähr 117 000 Einwohner) zwischen Marokko und Mauretanien wurde im Februar 1975 zwischen diesen beiden Ländern offiziell aufgeteilt. Aber die Eingeborenen dieser Gegend (Araber oder arabisierte Berber, ausgenommen ungefähr ein Viertel Negro-Afrikaner, die sich oft auch als Araber bezeichnen), die die

Spanier bekämpft hatten und zu diesem Zweck eine Volksbefreiungsfront gebildet hatten (Polisario-Front), fechten diese Entscheidung an und haben mit Hilfe Algeriens eine Regierung der Arabisch-Saharischen Demokratischen Republik gegründet, die die Unabhängigkeit fordert.

## Die Randgebiete und die kleinen arabischen Inseln

Die von der arabischen Ethnie eingenommene Zone stimmt natürlich nicht mit den politischen Grenzen überein. Am Rande, aber noch innerhalb dessen, was wir arabische Zone oder arabische Welt nannten, liegen das irakische Kurdistan und der Süd-Sudan, die beide Sitz anderer Ethnien sind. Je nach der Einstellung, die man bezüglich der komplizierten Frage der Identität der Berberophonen einnimmt, kann man auch die Gegenden mit berberischer Vorherrschaft in Nordafrika von dieser Zone abtrennen oder nicht. Im Gegensatz dazu reichen die Araber über diese Grenzen der arabischen Staaten hinaus. Das nennen wir hier die arabischen Randgebiete, indem wir noch einige kleine Inseln einbeziehen, die viel weiter entfernte Einbrüche darstellen und die durch eine andere ethnische Umwelt von der arabischen Welt getrennt sind.

### *Die asiatischen Randgebiete*

In der Türkei soll es ungefähr 370 000 Arabophone (Zahl von 1965) geben. Man kennt ihre Verteilung schlecht. Viele stellen ganz einfach die Verlängerung der arabischen Ethnie am Rande der nördlichen Grenze von Syrien dar, und ein wenig weiter darüber hinaus in Richtung Kilikien. In dem ehemaligen *Sandjak* von Alexandrette (auf arabisch Iskanderun, nach türkischer Schreibweise Iskenderun), der 1918 unter französischem Mandat Syrien angegliedert wurde, lebte eine gemischte Bevölkerung von Arabern und Türken. Trotz der syrischen Beschwerden überließ Frankreich praktisch im Jahre 1937 der Türkei dieses Gebiet, zunächst in Form einer autonomen Region (als Hatay bezeichnet), mit einem spezifischen internationalen Status versehen und vom Völkerbund bestätigt. Im Jahre 1939 wurde dieses Gebiet ein integraler Bestandteil der Türkei. Die statistischen Angaben über das Verhältnis der Sprachen und der Ethnien in dieser Gegend waren besonders bestreitbar und umstritten. Auf jeden Fall hat die nationalistische Politik der Regierungen alles getan, um die ethnische Struktur der Bevölkerung den politischen Grenzen anzupassen.

Im Iran existiert die arabische Einwanderung seit früher Zeit. Sie hatte sicher vor dem Islam begonnen, vor allem, als die arabischen Stämme einen großen Teil von Mesopotamien besetzten, das seit dem 6. Jahrhundert v. Chr. die meiste Zeit in die persischen Staaten eingeschlossen war. Keine Grenze konnte ihre Ausbreitung nach Osten aufhalten. Im 7. Jahrhundert unserer Zeitrechnung wurde der Iran erobert und nahm an der allgemeinen Vermischung der Völker im Innern des islamischen Reiches und seiner Nachfolger teil. Arabische Stämme ließen sich im ganzen Land nieder. Der Übergang der politischen Herrschaft an türkisch-iranische Dynastien, der Fortbestand der Macht auf seiten der großen persischen Landbesitzer bedingten die langsame Iranisierung von vielen dieser Araber. Aber es gab auch neuerliche arabische Einwanderungen, und ein langsames Eindringen von Nomaden, Seeleuten und Händlern an der Südküste, das vor dem Islam begonnen hatte, setzte sich fast ununterbrochen fort. In den fünfziger Jahren dieses Jahrhunderts wurde die Anzahl der Araber an der Südküste auf 1 200 000 Menschen geschätzt. Arabischsprechende Stämme und andere Stämme, die sich selbst als Araber betrachten und auch von anderen so betrachtet werden, obwohl sie einen persischen Dialekt sprechen, befinden sich etwas mehr im Landesinnern. Besonders zahlreich sind die Araber im Süd-Westen, in der Provinz *Khusistan,* am Rande des Irak, das man lange Arabistān, »das Land der Araber«, genannt hatte. Dort haben sie eine politische Rolle gespielt, und heutzutage zielen nationalistische arabische Ansprüche auf diese Gegend.

Wenn man will, kann man die Christen von Zypern, die arabisch-levantinischer Abstammung sind, vor allem die libanesischen Maroniten, zu diesen asiatischen Randgebieten zählen; ihre Anzahl wurde vor ungefähr zehn Jahren auf 3 000 geschätzt. Sie sind heutzutage fast völlig hellenisiert und sprechen einen griechisch-zypriotischen Dialekt. Ein einziges Dorf von ungefähr 1 000 Einwohnern (heute in der türkischen Zone) spricht noch arabisch, abgesehen von den jüngsten Generationen, die bereits vollständig griechisch geworden sind.

### *Die kleinen Inseln der türkisch-persischen Zone*

Im sowjetischen Zentralasien und in Afghanistan befinden sich unter der türkischen und persischen Bevölkerung Gruppen, die sich als Araber bezeichnen und die auch als solche betrachtet werden. Es ist aber nicht sicher, daß sie zu den ersten arabischen Siedlern der großen Eroberungen gehören, die sich schnell iranisiert haben. Es kann sich um Einwanderer handeln, die in Etappen gekommen sind, und von denen die letzte aus den Städten und Dörfern des Iran kam. Ihre Anwesenheit ist seit dem 16. Jahrhundert nachgewiesen. Unter ihnen sprechen nur einige einen arabischen Dialekt. So soll es in Usbekistan und Turkmenistan ungefähr 8 000 Arabophone geben (nach Angaben der Zählung von 1959; im Vergleich zu vorherigen Angaben im Abnehmen begriffen). Weitere 1000 sollen in der autonomen Republik von Daghestan im Kaukasus leben. Im Nord-Westen von Afghanistan stößt man auf persischsprechende Gruppen, die sich als Araber ausgeben, sowie auf einige arabophone Dörfer. Für dieses Land wurde die Anzahl von 25 000 Arabern angegeben.

### *Ostafrika*

Die Auswanderung arabischer und vor allem südarabischer Kolonien an die Küsten Ostafrikas hat schon lange vor dem Islam begonnen. Im 2. und 3. Jahrhundert gab es (nach dem griechischen Text mit dem Titel *Rundreise auf dem Aerithräischen Meer*) an der Küste des heutigen Tansania ein Gebiet, das von einem Delegierten des Vizekönigs vom Bezirk Maʿāfir im Jemen regiert wurde. Schon immer haben die Seeleute der arabischen Küste das Rote Meer mit Leichtigkeit durchquert und von dort Kurs auf den Indischen Ozean genommen. Die Migrationen fanden übrigens ebenso in entgegengesetzter Richtung statt.

Hier liegt zum Teil auch der Ursprung der arabischen Besiedelung des Sudan. Die Araber Arabiens und insbesondere diejenigen von den Küsten des Jemen und die Araber aus dem Nordwesten des Sudan kamen vor allem in ihrer Eigenschaft als Händler nach Eritrea (heute äthiopische Provinz). Das Prestige der Sprache des Islam bei den Muslimen von Eritrea (die mehr als die Hälfte, vielleicht zwei Drittel der Bevölkerung ausmachen), die Vielfalt der Sprachen, die sie sprechen, und die zahlreichen arabischen Händler machten aus dem Arabischen eine Verkehrssprache für zahlreiche Eritreer (sicher für 15–20% der Bevölkerung nach G.A. Lipsky). Im Jahre 1952 erklärte die damalige eritreische Regierung Arabisch und Tigrigna zu Amtssprachen. Die separatistische eritreische Bewegung, die in dieser Gegend entstanden ist, welche im Jahre 1962 ganz an Äthiopien angeschlossen wurde, hat das Prestige des Arabischen noch gesteigert und kann eine noch größere Verbreitung der Sprache nach sich ziehen; diese Bewegung wird von bestimmten arabischen Ländern unterstützt und vom arabischen Nationalismus stark beeinflußt.

Im übrigen Äthiopien findet man arabische Kolonien (besonders von Kaufleuten) in Harar, in Djimma und in einigen kleinen Städten. Aus den gleichen Gründen wie in Eritrea ist Arabisch Verkehrssprache (lingua franca) in den südwestlichen Distrikten um die Stadt Djimma. Die zahlreichen Muslime von Äthiopien haben manchmal elementare Kenntnisse des Arabischen. Die Schätzungen bezüglich der Anzahl von Arabern in ganz Äthiopien variieren zwischen 15 000 und 50 000. Doch hierbei handelt es sich nur um Näherungswerte.

Auch nach Somalia sind seit langer Zeit arabische Emigranten eingewandert, die vor allem aus dem Süden der Halbinsel kommen (kleine Gruppen sprachen dort noch bis vor kurzem südarabische Dialekte). Man schätzt die Anzahl der Araber in Somalia auf 30 000. Es soll allein 15 000 Araber in der neuen Republik von Djibouti geben.

Weiter südlich haben die Küsten von Kenia und Tansania, wie die von Somalia, seit langer Zeit eine relativ starke arabische Einwanderung erlebt. Die örtlichen arabischen Traditionen bestätigen die Aussagen der *Rundreise auf dem Aerithräischen Meer* über die vorislamische südarabische

Einwanderung in diese Gegend. Die bereits Angesiedelten traten später zum Islam über; ihnen folgten im Laufe der Jahrhunderte Schübe von muslimischen Immigranten; diese setzten sich aus Arabern von Arabien (besonders vom Süden der Halbinsel, vor allem aus Hadramaut und Omān), Persern, Indern, Syrern und anderen zusammen. Es waren zumeist Händler, die sich einem intensiven Warenaustausch widmeten, der die asiatischen und afrikanischen Küsten des Indischen Ozeans verband. Eine arabische Aristokratie beherrschte die Handelsstädte der Küste, die an Beziehungen mit dem Landesinnern wenig interessiert waren. Allerdings nahm die Islamisierung der Schwarzen ein wenig zu, und es entwickelte sich eine eigene Kultur, die in der Swahili-Sprache (an der Küste) und der Bantu-Sprache vermittelt wurde, die mit zahlreichen arabischen Wörtern angereichert sind. Im 17. Jahrhundert verbindet sich das Sultanat von Maskat in Omān aus dem Südosten Arabiens mit allen arabischen Kolonien, die man Zanjebar nannte, die Küste der schwarzen Sklaven (daher der Name Sansibar). Im 19. Jahrhundert herrschte der Sultan von Maskat auch über diese Gegenden, die dank des afrikanischen Handels mit Elfenbein und Sklaven aufblühten, und er ließ dort große Ansiedlungen entstehen. Die Araber der Küste dringen mehr und mehr ins Landesinnere vor. Doch die englische und deutsche Kolonisierung stoppt diese Entwicklung in den achtziger Jahren des vorigen Jahrhunderts. Die Entkolonisierung erfolgte 1961–1963.

In Kenia soll es heute etwa 30 000 Araber geben, die vor allem in der Küstenprovinz leben; auch in Tansania sollen etwa 30 000 Araber leben. Im Sultanat von Sansibar, seit Dezember 1963 unabhängig, wurde die herrschende arabische und muslimische Aristokratie durch den blutigen Aufstand vom 12. Januar 1964 von der Macht vertrieben. Als eine linksradikale Regierung mit afrikanischer Vorherrschaft die Macht übernahm, wanderten viele Araber von diesen Inseln aus. Sansibar vereinigte sich mit Tanganjika zu einem Staat, der den Namen Tansania erhielt; doch sie bewahrte noch lange Zeit hindurch eine gewisse Autonomie.

### *Die afrikanischen Randgebiete im Zentrum und im Westen*

Wie im Osten greift die arabische Ethnie auch im Westen über die Grenzen der Länder hinaus, die wir als arabische Zone oder arabische Welt bezeichnen. Doch im Westen gibt es im Grunde nur unbeträchtliche Gruppen südlich dieser Grenze: etwa 50 000 »Mauren« (d.h. Araber oder Arabisierte aus Mauretanien, die den Landesdialekt *Hassāniyya* sprechen), die im ganzen Senegal verstreut sind oder von einem Land zum anderen wandern, weitere 15 000 in Mali an den Grenzen Mauretaniens. In Niger leben die etwa 10 000 Araber hauptsächlich an der Grenze zum Tschad, abgesehen von einigen, die kürzlich aus Algerien einwanderten.

Der Tschad, der mit zwei arabischen Ländern benachbart ist, Libyen im Norden und der Sudan im Osten, bildet das große arabische Zentrum dieser Gegend. Tatsächlich gibt es ungefähr 400 000 Araber (einige behaupten 700 000) in diesem Land, die im Norden oder Osten angesiedelt sind, außer einigen Tausend anderen, die sich in der Hauptstadt niedergelassen haben. Sie bilden Stämme von Viehzüchtern, die von ihren Nachbarn Showa genannt werden, d.h. Schafzüchter, obwohl ihr Viehbestand hauptsächlich aus Dromedaren und Rindern besteht. Sie kamen mindestens seit dem 14. Jahrhundert in aufeinanderfolgenden Wellen in dieses Land, aus Libyen und vor allem aus dem Sudan.

## *Die europäischen Randgebiete: Die entarabisierten Gegenden und Malta*

In der Zeit der großen Eroberungen hat die arabische Ethnie auf die Gebiete im Norden des Mittelmeers übergegriffen. Das 711–714 eroberte Spanien wurde teilweise arabisiert (und berberisiert). Viele Eingeborene traten zum Islam über und schlossen sich wie anderswo dem Arabertum an. Aber die romanischen Dialekte wurden weiterhin neben dem Arabischen gesprochen (und schließlich in arabischer Schrift geschrieben), sogar von den arabisierten Muslimen. Die christliche Rückeroberung, die seit dem 11. Jahrhundert große Erfolge erzielte, führte zur Eingliederung vieler Arabophoner in die christlichen Staaten. Mit dem Sturz des letzten muslimischen Staates, dem Königreich von Granada, 1492, kam die arabische Sprache außer Gebrauch bei den in Spanien gebliebenen Muslimen, den *Mudejaren*, die 1502 gezwungenermaßen zum Christentum übertraten und denen der Gebrauch des Arabischen im Jahre 1567 amtlich verboten wurde. Die nicht assimilierten crypto-muslimischen *Mauresken* wurden im Jahre 1611 endgültig ausgewiesen.

Sizilien, das von 827 bis 965 erobert, arabisiert und islamisiert wurde, ist 1070 bis 1085 durch die Normannen zurückerobert worden. Ein großer Teil der Bevölkerung blieb während einer bestimmten Zeit muslimisch und arabophon, und der Islam und das Arabische schwanden nur allmählich. Der sizilianische Dialekt hat arabische Wörter beibehalten.

Demgegenüber wird in Malta und Gozzo, die am Ende des 8. oder 9. Jahrhunderts erobert und im Jahre 1090 von den Normannen zurückerobert wurden, der arabische Dialekt bis heute von dem größten Teil der Bevölkerung (ungefähr 330 000 Einwohner) gesprochen, obwohl der Islam nach 1249 ausstarb. Den arabischen Charakter dieses Dialekts, der seit dem 18. Jahrhundert in lateinischer Schrift geschrieben wird, hat die maltesische Öffentlichkeit, die dem Katholizismus anhängt, durch den Gebrauch der Bezeichnung »maltesische Sprache« verhehlt. Dieser Sprache wird häufig ein mehrfacher Ursprung zugeschrieben, aber es handelt sich wohl um einen arabischen Dialekt maghrebinischen Typs, der mit einem relativ starken Anteil von Entlehnungen aus dem italienischen Wortschatz ausgestattet ist.

## Die Diaspora

In diesem Abschnitt stellen wir unter dem üblichen Begriff Diaspora die Gruppen und Individuen zusammen, die der arabischen Ethnie angehören, sich aber (provisorisch oder dauernd) in geographisch vom zusammenhängenden Gebiet der arabischen Ethnie getrennten Gegenden aufhalten, d.h. außerhalb der Länder der arabischen Zone und ihrer Randgebiete. Es gibt keine scharfe Trennung zwischen den immer sehr komplexen Fällen, und man könnte in manchen Fällen ebensogut von einer kleinen Insel sprechen. Wenn wir also im vorigen Abschnitt bestimmte kleine Inseln hervorgehoben haben, so deshalb, weil es sich hierbei um arabische Gruppen handelt, die sich stabilisiert zu haben scheinen und die als gesonderte Ethnie in pluri-ethnischen Gesellschaften anerkannt werden, in denen sie seit langem ansässig sind. Der Begriff Diaspora verweist eher auf eine Vorstellung der Instabilität. Die in verschiedene Gesellschaften eingefügten arabischen Gruppen, die ihre Anpassung an diese Gesellschaften eventuell weit vorangetrieben haben, sind im Prinzip nur vorübergehend da: ob sie nun eine völlige Anpassung an die sie umgebende Bevölkerung ins Auge fassen oder ob sie ihre Auswanderung als zeitlich begrenzt betrachten und eine Rückkehr in ihre Heimat anstreben. Es handelt sich dabei im allgemeinen um individuelle Migrationen, die von jedem einzelnen für sich erörtert und entschieden wurden, auch wenn die einzelnen Personen das Objekt massiver indirekter Gewaltanwendung waren, die viele zur gleichen Entscheidung der Auswanderung veranlaßte. Die Besiedelung der arabischen Zone und ihrer Randgebiete – abgesehen von Arabien – geschah im Gegensatz dazu in Gruppen und aufgrund kollektiver Entscheidungen der ethnischen Gruppen oder Anordnungen der Machthaber.

Die modernen Bedingungen schaffen jedoch Situationen, die die Perspektiven völlig verändern können. Einerseits fördert die Industriegesellschaft die Völkervermischung und die vollständige Assimilierung. Auf der anderen Seite verhelfen die Kommunikationsmöglichkeiten dazu, den Kontakt mit dem Heimatland leichter aufrechtzuerhalten; die Vorherrschaft der nationalistischen Ideologie fördert die Ablehnung der Assimilierung und zwingt die Regierungen, alles zu tun, um die Kontrolle über ihre ausgewanderten Landsleute zu bewahren.

Die arabische Auswanderung in Gebiete außerhalb ihrer Zone ist alt. Wir besitzen Zeugnisse aus dem Altertum über arabische und südarabische Auswanderer nach Griechenland oder nach Ägypten; im allgemeinen handelte es sich dabei um Händler. Trotz der Feindseligkeit der christlichen Welt fanden im Mittelalter individuelle Auswanderungen muslimischer Araber nach Europa entweder für kurze Zeit oder auf Dauer statt. Die arabophonen Christen, insbesondere diejenigen aus dem Libanon, wanderten in der modernen Zeit häufig aus. Zahlreiche individuelle und konvergierende Auswanderungen gab es nur im Falle der arabischen Nachkommen der Südaraber des Altertums, der Einwohner von 'Omān, Hadramaut und des Jemen, vor allem in Richtung Ostafrika und Indien, Malaysia und Indonesien. Es handelt sich dabei besonders um Händler, die in diesen Ländern dauerhafte Handelsniederlassungen errichteten, oder manchmal auch um Soldaten, die die Leibgarde für örtliche Machthaber bildeten. Sie heirateten an Ort und Stelle und erzeugten eine Schicht von Mischlingen, die z.B. im 16. Jahrhundert ein Fünftel der Bevölkerung der Küstenhäfen von *Malabar* ausmachten. Doch sie kehrten oft in ihr Heimatland zurück (ein ähnlicher Fall wurde in *Tausendundeine Nacht* erzählerisch gestaltet); und der Menschentyp in Südarabien zeigt deutlich den Einfluß indischen und indonesischen Blutes. Diese Auswanderung hat sich seit Ende des 18. Jahrhunderts sehr verstärkt. In Indonesien zählte man im Jahre 1937 über 71 000 Araber.

Die syrisch-libanesische Auswanderung entwickelte sich insbesondere seit dem Ende des 19. Jahrhunderts unter dem Einfluß der heftigen Abneigung (vor allem seitens der Christen) gegen das despotische Regime des osmanischen Sultans 'Abd ül-Hamīd. Ihr Bestimmungsort war vornehmlich der amerikanische Kontinent, wohin Anfang des 20. Jahrhunderts etwa zwanzigtausend Emigranten aus dieser Gegend alljährlich auswanderten. Man schätzte die Anzahl der Ausgewanderten für ganz Amerika im Jahre 1939 auf 600 000. Diese Diaspora spielte eine beträchtliche Rolle in der Wirtschaft Lateinamerikas. Sie hatte auch einen großen Einfluß auf die arabische Welt durch ihre Ideen und die Literatur, in der sie zum Ausdruck gebracht wurden. In der

Zeit bis 1929 zählte man nicht weniger als 268 periodisch erscheinende Publikationen in arabischer Sprache, davon 205 Zeitungen für ganz Amerika. Um 1950 schätzte man die Anzahl der Bürger arabophoner Herkunft in den Vereinigten Staaten auf 450 000. Im Jahre 1975 soll es 400 000 Libanesen in den Vereinigten Staaten gegeben haben, 300 000 in Brasilien und 313 000 im übrigen Amerika (viel höhere Zahlen wurden insbesondere für Brasilien und Argentinien angegeben), dazu kommen 98 000 in Afrika, wo diese Emigranten seit langer Zeit die Rolle von Klein- und Großhändlern und Wucherern spielen.

Die beiden hauptsächlichen Gründe für die gegenwärtige arabische Auswanderung sind der Import wenig qualifizierter Arbeiter seitens der Industrie und der industrialisierten Landwirtschaft der entwickelten Länder und die »Auswanderung der Wissenschaftler«. Im ersten Fall handelt es sich meistens um eine saisonbedingte und zeitlich begrenzte Immigration, aus der sich jedoch einige Gruppen auf Dauer niederlassen. Wir wissen z.B., daß in Frankreich diese Arbeiter vor allem aus Nordafrika kommen, die mehr und mehr ihre Familien mitbringen können. Am 1. Januar 1974 schätzte man die Anzahl der Personen mit algerischer, tunesischer und marokkanischer Staatsangehörigkeit auf 1 260 000 (von denen 600 000 berufstätig sind) bei einer Gesamtzahl von etwas mehr als 4 Millionen Ausländern. Es gab aber auch ungefähr 250 000 Franzosen algerischer Herkunft. Ende 1977 zählte die Statistik in Frankreich 1 405 422 Araber aus allen Ländern. Der *brain drain* betrifft selbstverständlich eine weitaus geringere Anzahl von Individuen, aber ihre qualitative Bedeutung ist groß. Die ungünstigen Verhältnisse im intellektuellen Arbeitsbereich und die niedrige Bezahlung auf diesem Sektor in den Entwicklungsländern treffen zusammen mit den politischen Ereignissen

(Flucht derjenigen, die mehr oder weniger mit dem kolonialen Regime verbunden waren, sowie politischer Gegner, Mitglieder enteigneter Klassen in den Ländern mit Staatswirtschaft usw.) und den attraktiven Angeboten der Industrieländer, um diese Anzahl in bestimmten Fällen doch auf ein relativ hohes Niveau zu bringen.

Alle politischen und sozialen Umstürze haben Auswanderungen der durch das neue Regime Geprellten zur Folge; es handelt sich dabei um Menschen, die mit der neuen Regierung unzufrieden sind oder die Folgen der Erschütterungen befürchten. Das war namentlich in letzter Zeit der Fall aufgrund des libanesischen Bürgerkriegs seit 1975.

Die Anzahl der Araber, die infolge solcher Prozesse in der europäischen und amerikanischen Welt sowie in Afrika südlich der Sahara und Ostasien verstreut sind, ist wegen der Schwierigkeiten und Unzulänglichkeiten statistischer Angaben unmöglich zu bestimmen. Man muß nämlich nicht nur denjenigen Rechnung tragen, die in den Gastländern rechtlich gesehen Ausländer geblieben sind, sondern auch denjenigen, die sich bereits – manchmal schon seit langer Zeit – naturalisieren ließen. Insbesondere in diesem letzten Fall versagen die statistischen Angaben. Die Anzahl der immigrierten Arbeiter ist gewöhnlich großen Schwankungen ausgesetzt. Die häufig angegebenen Schätzungen, die auch der folgenden Tabelle statistischer Angaben zugrunde liegen, sind äußerst unsicher, doch sie vermitteln wenigstens vorübergehende Größenverhältnisse. Bei den arabischen Auswanderern selbst spricht man z.B. von 90 000 Arabern in Kanada und von 100 000 in Chile. Die bedeutendste Konzentration in Nordamerika befindet sich in Detroit, wo es über 80 000 Araber geben soll.

## Ausdehnung der arabischen Ethnie

Die auf den folgenden Seiten aufgeführten Tabellen dürfen lediglich als Vermittler von Anhaltspunkten und Größenverhältnissen betrachtet werden. Die mit einem Stern versehenen Zahlen der Gesamtbevölkerung sind noch fragwürdiger als die anderen. Alle Angaben sind ernst zu nehmenden Quellen entnommen, die sich auf Zahlen aus den Jahren zwischen 1970 und 1977 beziehen. Die Zahlenangaben für die arabische Bevölkerung sind zumeist – wie schon erwähnt wurde – grobe Schätzungen, die meist sehr zufällig sind. Oft hängen sie auch von den Kriterien ab, die man wählt, um eine Ethnie zu definieren, zum Beispiel, inwieweit man den Berberophonen Rechnung tragen will oder nicht. Das zugrunde gelegte Kriterium würde es dann erlauben, beispielsweise die Malteser vollständig zu übergehen.

*Ausdehnung der arabischen Ethnie*

| Länder | Gesamtbevölkerung (in Tausend) | Arabische Bevölkerung (in Tausend) |
|---|---|---|
| I/DIE ARABISCHE ZONE | | |
| a) Arabien | | |
| Saudi-Arabien | 8 970* | 8 700 |
| Kuweit | 1 030 | 750 |
| Bahrain | 260 | 210 |
| Qatar | 140* | 60 |

| | | |
|---|---|---|
| Vereinigte Arabische Emirate | 350* | 100 |
| Maskat-Oman | 790* | 750 |
| Nordjemen | 5.000 | 4 900 |
| Südjemen | 1 750* | 1 600 |
| Insgesamt | 18 290 | 17 070 |

b) Der Fruchtbare Halbmond

| | | |
|---|---|---|
| Irak | 11 510 | 8 600 |
| Syrien | 7 600 | 6 900 |
| Libanon | 3 000* | 2 400 |
| Jordanien | 2 780 | 2 500 |
| Israel | 3 500 | 540 |
| von Israel besetzte Gebiete | 1 120 | 1 120 |
| Insgesamt | 29 510 | 22 060 |

c) Niltal

| | | |
|---|---|---|
| Ägypten | 38 070 | 37 900 |
| Ägyptische Gebiete unter israel. Besatzung | 30 | 30 |
| Sudan | 16 130 | 7 700 |
| Insgesamt | 54 230 | 45 630 |

d) Nordafrika

| | | |
|---|---|---|
| Libyen | 2 440 | 2 360 |
| Tunesien | 5 740 | 5 380 |
| Algerien | 18 250 | 12 500 |
| Marokko | 17 830 | 12 000 |
| Ceuta und Melilla | 162 | 7 |
| ehem. spanische Sahara | 117 | 95 |
| Insgesamt | 44 539 | 32 342 |

| | | |
|---|---|---|
| e) Mauretanien | 1 320 | 1 100 |
| GESAMTZ. DER ARAB. ZONE | 147 889 | 118 202 |

## II/RANDGEBIETE UND KLEINE INSELN

### a) Türkisch-Iranische Welt

| | | |
|---|---|---|
| Türkei | 40 167 | 370 |
| Iran | 33 400 | 1 500 |
| Zypern | 640 | 4 |
| Afghanistan | 19 800* | 25 |
| UdSSR: | | |
| Usbekistan | 13 085 | 8 |
| Turkmenistan | 2 394 | |
| Daghestan | 1 500 | 1 |
| Insgesamt | 110 986 | 1 908 |

### b) Ostafrika

| | | |
|---|---|---|
| Äthiopien | 28 680* | 35 |
| Somalia | 3 260* | 30 |
| Djibouti | 106* | 15 |
| Kenia | 13 850 | 35 |
| Tansania | 15 610 | 30 |
| Insgesamt | 61 506 | 145 |

### c) West- und Zentralafrika

| | | |
|---|---|---|
| Senegal | 5 110* | 50 |
| Mali | 5 840 | 15 |
| Niger | 4 730 | 10 |
| Tschad | 4 120* | 500 |
| Insgesamt | 19 800 | 575 |

### d) Europa

| | | |
|---|---|---|
| Malta und Gozzo | 300 | 300 |

| | | |
|---|---|---|
| GESAMTZAHL FÜR DIE RANDGEBIETE U. D. KL. INSELN | 192 592 | 2 928 |

III/DIASPORA

| | |
|---|---|
| Europa | 1 400 |
| Asien (mit Indonesien) | 100 |
| Afrika | 100 |
| Amerika | 1 200 |
| Ozeanien | 30 |
| Insgesamt | 2 830 |

ZUSAMMENFASSUNG DER ARABISCHEN BEVÖLKERUNG

| | |
|---|---|
| Arabische Zone | 118 202 |
| Randgebiete und kleine Inseln | 2 928 |
| Diaspora | 2 830 |
| Insgesamt | 123 960 |

Das sind ungefähr 3,1% der Weltbevölkerung

Quellen: World Bank Atlas; verschiedene Publikationen der Uno; Y. Courbage und Ph. Fargues, *La population des pays arabes d'Orient*, in: *Population*, 1975, 30, S. 1111 f.; J.M. Cuoq, *Les musulmans en Afrique*, Paris 1975; U. Geiser und H. Steffen, *Population Distribution... in the Yemen Arab Republic*, Berne und San(ā) 1977, usw.

## *Kapitel 3*
# Der Arabismus

Im Gegensatz zu dem unbestimmten Bewußtsein der arabischen Zugehörigkeit, des Arabertums, sowie der ethnisch-nationalen Ideologie, die es hervorbringt, steht das, was wir hier »Arabismus« nennen. Dieser »Arabismus« ist der arabische Nationalismus, der sich auf der Grundlage des Arabertums entfaltet und an den modernen Nationalismus anknüpft, dessen Modell sich in Europa in einem langsamen Prozeß seit dem Ende des Mittelalters entwickelt hat. Das Wachstum der nationalen Märkte gab den Nationen, die die Teile der ethnisch-nationalen Gruppe miteinander verbanden, eine noch nie erlebte Machtfülle. Die Bourgeoisie, die sich ganz besonders an dieser Integration beteiligte, hatte mit Nachdruck eine Ideologie entwickelt, die die Notwendigkeit und den Vorrang neuer staatlicher Einheiten hervorhob. Sie forderte einen starken Staat, der die individuelle Freiheit gewährleisten sollte, griff – zunächst noch undeutlich – auf das Konzept des souveränen Volkswillens zurück, das am besten innerhalb der neuen führenden Schicht definiert und vom Parlament und von den Generalständen zum Ausdruck gebracht werde; auf diese Weise mobilisierten sie die verworrenen, latenten Gefühle der Identität und forderten auf diese Weise die unteren Klassen zur Gefolgschaft auf. So entwickelte sich der Begriff des Nationalstaates, den die intellektuellen Theoretiker nach und nach definierten und rechtfertigten. Nachdem er bereits Europa und Amerika erobert hatte, wurde dieser

Begriff von den Eliten der kolonisierten Völker wieder aufgegriffen; diesen diente er dazu, die Massen gegen die Fremdherrschaft zu mobilisieren. Die theoretische Auseinandersetzung zwischen denjenigen, die darin die Adoption eines europäischen ideologischen Modells sehen, das einer anderen Realität übergestülpt wurde, und denjenigen, die an ein spontanes Wachsen aufgrund örtlicher Gegebenheiten glauben, ist fruchtlos. Man adoptierte das europäische ideologische Modell, weil es im 20. Jahrhundert am besten den Erfordernissen der Lage in der Dritten Welt entsprach, und wie in Europa machte es sich die spontanen Gefühle der Masse zunutze.

Der Arabismus oder der arabische Nationalismus entwickelte sich allmählich im Zusammenhang mit Verhältnissen und Ereignissen, denen die Theoretisierungen durch sukzessive und zunächst grobe Annäherungen folgten. Deshalb besteht die Notwendigkeit, diese Entwicklung in ihrem geschichtlichen Zusammenhang zu prüfen.

### *Muslimischer Protonationalismus und Entstehung der arabistischen Ideologie*

Wir haben oben die ersten Spuren der Vorstellung aufgezeigt, wonach der gesamte arabische Nahe Osten dazu bestimmt war, einen spezifisch arabischen Staat zu bilden. Die Feindschaft gegenüber der türkischen Macht entfaltete langsam und im Verborgenen das Bewußtsein einer arabischen Identität in dem Teil dieser Region, der Istanbul direkt unterstellt war, im arabischen Asien; es stand im Wettstreit mit dem immer noch starken Gefühl der Zugehörigkeit zur muslimischen Gemeinschaft, die Araber und Türken vereinigte. Doch eine organisierte, kohärente und ausformulierte Ideologie der arabischen Nation, ein arabischer

Nationalismus, brauchte lange Zeit, um sich herauszubilden und einen einigermaßen bedeutenden Anklang zu finden. Der erste Nationalismus, der sich entwickelte, war vielmehr ein muslimischer und osmanischer Protonationalismus von antiimperialistischer Beschaffenheit, wobei der ins Auge gefaßte Imperialismus genau besehen der europäische Imperialismus war.

Im Laufe des 19. Jahrhunderts verstärkt sich mehr und mehr die Vorherrschaft des Westens gegenüber dem Osmanischen Reich. Die europäischen Botschafter diktieren den Sultanen ihre Politik, erzwingen die Öffnung der orientalischen Märkte für europäische Produkte. Diese politische und wirtschaftliche Unterordnung, in der der Osmanische Orient sich befindet, ruft viele Reaktionen hervor. Die Herrschenden beabsichtigen Reformen von oben, die Intellektuellen fordern eine radikalere Haltung – die zunächst in die Richtung einer schlichten und einfachen Verwestlichung geht.

Die Enttäuschungen, die aus den katastrophalen Folgen des Wirtschaftsliberalismus entstehen, den man im Osmanischen Reich eingeführt hatte, sowie die Weiterführung der europäischen imperialistischen Projekte und die Verachtung der westlichen Mächte für die Bemühungen der internen Erneuerung führten zu einer Wendung der muslimischen Intellektuellen. Namentlich nach der Besetzung Tunesiens durch Frankreich (1881) und Ägyptens durch Großbritannien (1882) kristallisierte sich der Protest gegen den europäischen Imperialismus um die muslimische Gemeinschaft und das Osmanische Reich, die letzte muslimische Staatsstruktur, die noch relativ mächtig war. Die eine und die andere Form wurden von den Intellektuellen als neuer Typus nach dem Modell der europäischen Nationen konzipiert. In seiner Eigenschaft als Kalif und Sultan mißbrauchte ʿAbd ül-Hamīd (1878-1908) diese Tendenz in einer despotischen, rückschrittlichen und an Obskurantismus erinnernden Weise.

Der große Ideologe dieser antiimperialistischen und protonationalistischen Protestbewegung war, nach dem türkischen Dichter Namiq Kemāl, der schon um 1871-76 ähnliche Ideen entwickelt hatte, der Perser Jamāl ad-Dīn (1839 bis 1897), der fälschlich al-Afgāni, der Afghane, genannt wird. Dieser Aktivist, dieser revolutionäre Rebell, dieser Verbreiter von Ideen und deistische Freidenker ließ sich um 1880 auf den taktischen Gebrauch des Islam ein (nämlich auf das Zugehörigkeitsgefühl zur muslimischen Gemeinschaft). Sein Panislamismus mit antiimperialistischer Stoßrichtung hinderte ihn nicht daran, lokale Unabhängigkeitskämpfe wie im Iran, in Ägypten und in Indien zu unterstützen (sogar auszulösen), indem er dort zur militanten Zusammenarbeit von Angehörigen verschiedener Konfessionen aufrief.

Die schlechte osmanische Verwaltung und ihre durch unablässigen imperialistischen Druck vermehrte Ohnmacht, die türkische Vorherrschaft im arabischen Asien sowie hamidische Despotismus, der Hochmut der Araber, die auf ihre Rolle bei der Schaffung und Verbreitung des Islam und der Entwicklung der mittelalterlichen muslimischen Zivilisation stolz waren, und schließlich das Aufblühen der literarischen arabischen Studien (besonders bei den Christen in Beirut) ließen eine feindliche Atmosphäre gegenüber den Türken aufkommen, die sich bei allen Arabern von Asien ausbreitete. Beobachter registrierten die Verbreitung dieser Stimmung seit 1880. Doch führte diese Unzufriedenheit nur bei einigen libanesischen Christen um 1880 zu der Idee eines arabischen Staates (auf Syrien, Palästina und Libanon beschränkt). Der Separatismus auf ethnischnationaler Grundlage wurde durch die Unabhängigkeitsbewegungen der christlichen Völker der Balkanländer ermutigt, die sich aus dem Osmanischen Reich zu befreien suchten. Aber es widerstrebte den arabischen Muslimen um so mehr, den Zerfall dieses Staates anzustreben, den seine Bezugnahme auf den Islam heiligte.

Das erste unzweideutige Manifest des modernen arabischen Nationalismus, das einigen Einfluß ausgeübt hat, ist das Werk von 'Abd ar-Rahmān al-Kawākibi (1849-1903), einem syrischen Muslim, der in ägyptischem Exil lebte, mit dem Titel *Umm al-qurà*, (*Die Mutter der Städte*, womit Mekka gemeint ist); das Werk erschien 1901-1902 in Kairo. Der Autor rühmt darin die Überlegenheit der Araber gegenüber den Türken und entwirft einen Plan der Erneuerung des Islam unter dem Einfluß eines arabischen Kalifats mit rein geistigen Befugnissen, dessen Zentrum die heilige Stadt von Mekka sein solle. Er war stark beeinflußt von W.S. Blunt (1840-1922), dem bekannten britischen Dichter, der als Antikolonialist ein leidenschaftlicher Verfechter der ägyptischen Unabhängigkeit und der der Araber im allgemeinen war. Seit 1881 setzte sein Buch *The Future of Islam* ähnliche Ideen in Umlauf. Die Ideen von Kawākibi wurden von dem syrisch-palästinensischen Christen Najīb 'Azouri (gest. 1916) aufgegriffen und weiterentwickelt. Er gründete in Paris (zusammen mit dem französischen hohen Beamten Eugène Jung) eine »Liga des arabischen Vaterlandes«. 'Azouri veröffentlichte das Buch *Le reveil de la nation arabe dans l'Asie turque* (Das Erwachen der arabischen Nation im türkischen Asien) (Paris, Plon 1905) und gründete die Zeitschrift *L'Indépendance arabe* (Die arabische Unabhängigkeit) (Paris, 1907-1908). Er war der erste, der ein unabhängiges arabisches Reich vorschlug. Doch seine Zugehörigkeit zu einer Minderheit, die Tatsache, daß seine Propaganda nur in französischer Sprache verbreitet wurde, sowie seine mutmaßlichen Verbindungen mit der französischen Kolonialpolitik beeinträchtigten die Aufnahme seiner Ideen sehr.

### *Die ersten Organisationen und der arabische Aufstand (1908-1920)*

Die jung-türkische Revolution (1908), die im Osmanischen Reich eine konstitutionelle Regierungsform mit einem Parlament einführte, erlaubte den Unzufriedenen jeglicher Art, sich zu organisieren. Gleichzeitig steigerte die zentralisierte jakobinische Politik der Jung-Türken, die an der Macht waren, die Unzufriedenheit der arabischen Provinzen, da sie trotz ihrer egalitären Erklärungen mehr und mehr dazu neigten, sich vor allem auf die türkischen Elemente zu stützen. Organisationen wurden gegründet mit einem Programm, das vor allem die Rechtsgleichheit der Araber innerhalb des Reiches verlangt sowie lokale Versammlungen und den Gebrauch des Arabischen im Verwaltungs-, Erziehungs- und Justizbereich in den arabischen Sprachzonen. Dies war namentlich das Programm der im Jahre 1912 gegründeten »Osmanischen Partei für die Dezentralisierung der Verwaltung«. In Beirut wurde ein Reformausschuß gegründet. Ein arabischer Kongreß mit christlichen und muslimischen Delegierten fand 1913 in Paris statt. Seine Forderungen waren gemäßigt und besonders gegen die übertriebene Zentralisierung und Türkisierung gerichtet. Gleichzeitig entstanden geheime und radikalere Gruppen, wie *al-Qaḥṭāniyya,* die eine arabisch-türkische Doppelmonarchie nach dem Muster von Österreich-Ungarn (1909) verlangte, die *Fatāt,* die die arabische Unabhängigkeit forderte (1911), und *al-ʿahd,* die hauptsächlich aus irakischen Militärs zusammengesetzt war (1914).

Mit dem Eintritt des Osmanischen Reiches in den Krieg auf Seiten Deutschlands und Österreich-Ungarns (2. November 1914) verschärfen sich die Optionen. Der Cherif von Mekka, Husayn und seine Söhne, nehmen – durch das dynastische Interesse und den Haß gegenüber den Jung-Türken angetrieben – Kontakt mit den arabischen Nationalisten des Fruchtbaren Halbmonds auf, die in Geheimbünden organisiert waren; einige von ihnen hatten gute Verbindungen zu Frankreich und Großbritannien, die ihrerseits das feindliche Osmanische Reich von innen zu zerstören trachteten. Als der türkische Gouverneur von Syrien-Palästina, Djemal, arabische Nationalisten, Christen sowie Muslime, wegen Verrats in Beirut und Damaskus hängen ließ (August 1915, April und Mai 1916), ging Cherif Husayn am 5. Juni 1916 zum offenen Aufstand über. Er erklärte sich zum König der Araber (29. Oktober 1916), indem er sich auf die diesbezüglichen Versprechungen in seiner Geheimkorrespondenz mit Sir Henry Mac Mahon, dem britischen Hohen Kommissar in Ägypten (Juli 1915 - Januar 1916), berief. Großbritannien, Frankreich und Italien erkannten ihn nur als König von Hedschas an. Die Truppen Husayns, die von den Engländern organisiert wurden (vor allem von T.E. Lawrence), haben zu der türkischen Niederlage beigetragen. Damaskus wurde am 1. Oktober 1918 eingenommen.

Die siegreichen Alliierten hielten sich nicht an ihre Versprechungen, die sie den Arabern gegeben hatten, um ihre Beteiligung am Kampf gegen die Türken zu erreichen. Der syrische Generalkongreß erklärte Faysal, den Sohn von Husayn, zum verfassungsmäßigen König von Syrien-Palästina (8. März 1920). Aber General Goureaud vertrieb ihn aus Damaskus (25. Juli 1920). Gemäß dem Sykes-Picot-Geheimabkommen (April/Mai 1916) wurden die arabischen Länder des Fruchtbaren Halbmonds zwischen Großbritannien und

Frankreich als »Mandatsgebiete« des Völkerbunds aufgeteilt. Syrien und Libanon wurden Republiken (mit schwankenden Unterteilungen) unter französischem Mandat. Aus dem Irak machte man ein Königreich für Faysal unter britischem Mandat. Gemäß der Balfour-Erklärung (2. November 1917) wurde Palästina, das unter britischem Mandat und direkter britischer Verwaltung stand, von Syrien abgetrennt und der jüdischen Besiedelung geöffnet. Östlich des Jordans wurde Transjordanien von Palästina getrennt, wo 'Abdallāh, der Bruder von Faysal mit dem Titel eines Emirs, unter britischem Mandat regierte.

### *Die Kämpfe für die Unabhängigkeit (1920-1945)*

Die Araber empfanden diese Lage als einen Verrat an den Zusagen, die ihnen gemacht worden waren, zumal sie im Vertrauen darauf den Alliierten ihre Mithilfe gewährt hatten. Daraus entstand ein grenzenloses Gefühl der Enttäuschung und Verbitterung, das in der folgenden Periode die Kämpfe für die Unabhängigkeit und Einheit besonders haßerfüllt gestaltete und das den Charakter der nationalistischen arabischen Ideologie bis in die Gegenwart hinein bestimmt.

Nach den großen Protestbewegungen, die auf den Krieg folgten, in denen für die Anwendung der Wilsonschen Prinzipien der Selbstbestimmung (ägyptischer Aufstand 1919 gegen die englische Besatzung) und gegen den Verrat der Verpflichtungen gegenüber den Arabern von Asien gekämpft wurde (Aufstände in Palästina und großer irakischer Aufstand 1920), waren die wirklichen Revolten selten und an lokale Gegebenheiten gebunden: syrischer Aufstand (1925-1927), Bauernaufstand in Palästina (1936-1939), die

Bewegung von Rashīd 'Ali Kaylāni im Irak (April-Mai 1941). All diesen Bewegungen, die in direkter Verbindung mit den Ideen des arabischen Nationalismus im Orient stehen, oder wenigstens teilweise von ihnen inspiriert wurden, muß man den Aufstand im entfernten marokkanischen Rif von 'Abd el-Krīm (1921-1926) hinzufügen, der zwar örtlich begrenzt war, aber dessen Echo weithin nachwirkte. Doch die Unzufriedenheit der Völker machte sich besonders im Vorderen Orient bemerkbar durch eine Reihe von Streiks, Demonstrationen und fast ununterbrochenem Aufruhr, denen Unterdrückungsmaßnahmen folgten, die sie wiederum unvermeidlich verstärkten.

Wenn Großbritannien und Frankreich auch zur Niederwerfung der Revolten Zuflucht nehmen, so machen sie andererseits von Zeit zu Zeit Zugeständnisse, um die Unruhen zu mildern. So erhielten die orientalischen Staaten (ausgenommen Palästina) die formelle Unabhängigkeit, die mit den betreffenden europäischen Mächten durch Abkommen bestätigt wurde. Doch diese Abkommen riefen ihrerseits Streitigkeiten hervor. Der Grund dafür waren die der betreffenden Macht zugestandenen Sonderrechte. Die arabischen Führer (Monarchen in Ländern unter englischem Einfluß, republikanische Führungsgruppen unter französischem Mandat) schwanken oder wechseln zwischen »Zusammenarbeit« und Protest.

Bei den Massen herrscht ganz spontan das Streben nach Unabhängigkeit vor, verbunden mit Feindseligkeit den Kolonialmächten gegenüber und mit Verachtung und Haß auf die einheimischen Führer, die zu sehr kollaborierten. Das Echo der lokalen Kämpfe von Land zu Land verstärkt das Gefühl der arabischen Brüderschaft und Solidarität. Doch diese aus der Situation entstandenen Gefühle und Wünsche haben kaum begonnen, sich in ausgearbeiteten Ideologien darzustellen. Der Einfluß der großen internationalen Ideologien macht sich ebenfalls bemerkbar. Der Liberalismus, der die vorausgegangene Epoche inspiriert hatte, ist im Abklingen begriffen. Der kommunistische Marxismus hat die Idee der Unabhängigkeit, die an den antiimperialistischen Kampf gebunden ist, popularisiert und damit um 1920-1922 einige Sympathien erhalten, doch sein direkter Einfluß ist sehr beschränkt. Die faschistische Ideologie hingegen, die von einer starken Propaganda unterstützt wird, erweckt im Orient nach 1933 große Sympathien. Man ist von ihrer nationalistischen Grundlage beeindruckt und von der Gleichheit der designierten Feinde: Großbritannien, Frankreich, die Juden.

Die Idee der arabischen Einheit, die sich zuerst im arabischen Asien entwickelt hat – als Opposition auf die von den Mächten durchgesetzte Zersplitterung –, begann auch in Afrika Zustimmung und Anhänger zu finden. Es muß festgehalten werden, daß diese Idee in ihrer umfassenden Form, die sich auf alle arabischen Länder ausdehnt, zunächst um 1930 von den kleinen kommunistischen Parteien der arabischen Länder formuliert worden ist, die sich innerhalb der III. Internationalen zusammenschlossen. Dies konnte allerdings nur einen sehr beschränkten und indirekten Einfluß hervorrufen, da diese Parteien sehr klein waren und im Untergrund arbeiteten sowie aufgrund der allgemeinen Unkenntnis der damals herausgebrachten Texte. Diese Idee zwang sich jedoch nach und nach auf, und zwar aufgrund der Situation und nicht aufgrund der Texte, die diese Idee auf ihre Weise spiegelten, indem sie ihr den Charakter des Klassenkampfes gaben. Das ist eine abstoßende Formulierung in einer Situation, wo der Kampf für die Unabhängigkeit überwiegt und die nationale Einheit verlangt.

Die Verbreitung der arabistischen Ideologie erreicht

zuerst Ägypten. In diesem Land hat sich ein starker, ausgesprochen ägyptischer Nationalismus im Kampf gegen die britische Vorherrschaft herausgebildet (mit der Losung: Ägypten den Ägyptern), ohne daß das Zugehörigkeitsgefühl zur arabischen Ethnie verleugnet oder besonders hervorgehoben wurde. Das Bewußtsein der Notwendigkeit einer gewissen Einheit mit den anderen arabischen Völkern setzt sich erst ab 1936 im Denken vieler Ägypter durch. Die vorherrschende Rolle der ägyptischen Presse und des ägyptischen Rundfunks sowie der Lieder, Filme und Bücher aus Ägypten in der ganzen arabischen Welt, die durch die Entwicklung der Bildung und den technischen Fortschritt immer mehr betont wird, verstärkt die Kraft dieses Trends.

Zentrifugale Tendenzen bestehen sicher auch: besondere wirtschaftliche Interessen und die Entstehung eines bestimmten Lokalpatriotismus in den neu etablierten Staaten (neben dem tausendjährigen ägyptischen Nationalismus), »realistische« Haltungen seitens vieler Herrscher, auf die vorislamische und vorarabische Vergangenheit gegründete Ideologien bestimmter Länder (auf eine Reihe Intellektueller beschränkt), Stärke des Zugehörigkeitsgefühls zu religiösen Gemeinschaften (namentlich im Libanon), eine sich an den Faschismus anlehnende Ideologie, die auf die geographische Einheit »Groß-Syrien« gegründet ist und von der »Syrischen Volkspartei« (Parti populaire syrien - 1933 gegründet) entwickelt wurde. Doch die Ideologie der Einheit herrscht vor.

Im 1939 ausgebrochenen Weltkrieg war die arabische Position abwartend; die Araber sympathisierten eher mit den Achsenmächten aus Feindseligkeit gegenüber Großbritannien und Frankreich. Um die Sympathien zurückzugewinnen, bremsen die Engländer die jüdische Einwanderung nach Palästina (*Weißbuch*, Mai 1939), verkünden ihre Zustimmung zur arabischen Einheit (Eden-Erklärung vom 29. Mai 1941) und helfen den Levante-Staaten, ihre Unabhängigkeit vom freien Frankreich zu erreichen (völlige Unabhängigkeit des Libanon 1943 und Syriens 1945). Das Ergebnis dieser Bemühungen ist die Bildung der Liga der Arabischen Staaten, deren grundlegende Charta in Kairo (22. März 1945) unter britischem Schutz unterzeichnet wird. Die arabische Einheit manifestiert sich nun endlich in einer über-staatlichen politischen Struktur. Noch schließt diese nur die formell unabhängigen Staaten Arabiens (Saudi-Arabien und Jemen) und des Fruchtbaren Halbmonds (Irak, Syrien, Libanon, Jordanien) sowie Ägypten ein.

### *Von der Arabischen Liga zur Vereinigten Arabischen Republik (1945-1958)*

Die Arabische Liga ist weit davon entfernt, das ideologische Streben der arabischen Völker zufriedenzustellen. Sie ist gewiß im kulturellen, wirtschaftlichen und administrativen Bereich sehr wirksam gewesen, doch es gelingt ihr nicht, eine gemeinsame Politik zu formulieren. Auch wenn die politische Orientierung die gleiche ist, so läßt sich die Koordinierung mehr auf der Ebene der Propaganda als auf dem Niveau der konkreten Handlungen verwirklichen. Gegensätzliche Tendenzen in bezug auf die entscheidendsten Fragen stoßen innerhalb der Liga aufeinander und reichen oft bis zur offenen Feindschaft. Der britische Einfluß, der bei ihrer Bildung mitwirkt und der noch eine Zeitlang dort vorherrscht, läßt schließlich an seiner Unabhängigkeit Zweifel aufkommen.

Die arabischen Völker sind enttäuscht von der Aristokratie der Grundbesitzer, die bis jetzt die Bewegung angeführt hatten und die nicht ohne Grund des konservativen Egoismus und des geheimen Einverständnisses mit dem fremden Imperialismus verdächtigt wurden. Sie fordern eine durchgreifende Politik gegen Frankreich (für die Unabhängigkeit des arabischen Maghreb), gegen Großbritannien (das Protektorate in Arabien und Sudan sowie starke Stellungen in Ägypten und im Irak innehat) sowie gegen den neuen Staat Israel, der im Jahre 1948 auf Kosten der Teilung eines arabischen Territoriums entstand und der den arabischen Truppen, die untereinander uneinig waren und von korrupten Anführern geleitet wurden, im gleichen Jahr eine schmerzliche Niederlage bescherte. Diese hat die vorhergehenden Enttäuschungen und Frustrationen nur verstärkt. Sie wird stets qualvoll von Hunderttausenden enteigneten und vertriebenen Palästinensern in Erinnerung gebracht.

Die Feindseligkeit gegenüber den westlichen Mächten (und gegenüber den höheren Schichten der Gesellschaft, die mit ihnen verbündet zu sein scheinen) steigert sich mit den Bemühungen dieser Staaten, die arabischen Länder in den Kalten Krieg einzubeziehen und eine Bündniskette mit Militärverträgen südlich der UdSSR zu bilden. Das arabische Nationalgefühl, das keine Gefahr von sowjetischer Seite befürchtet, betrachtet diese Bemühungen sogar in antikommunistischen Kreisen mit dem größten Mißtrauen. Es ist vielmehr ausgerichtet auf die Entkolonialisierung und die Wiedereroberung der noch nicht befreiten Territorien (Ost- und Südarabien, Maghreb, Israel usw.) und auf die Beseitigung der letzten Hindernisse zur völligen Autonomie der schon unabhängigen Länder (militärische Stützpunkte, Verträge, die die Rückkehr der britischen Truppen unter bestimmten Umständen vorsehen usw.) sowie die innere Erneuerung durch die Entfernung der höheren pro-westlichen Klassen, denen für die vergangenen Niederlagen die

Verantwortung zuerteilt wird. Das Bündnis mit dem Westen erscheint ihnen als eine List, um den Status quo aufrechtzuerhalten, die Möglichkeiten imperialistischer Interventionen zu erleichtern und die herrschenden Klassen an der Macht zu halten. Dieses Nationalgefühl hat die amerikanischen Bemühungen im Verdacht, die arabische Feindschaft zu schüren durch eine Orientierung der großen islamischen Einheit auf eine gemeinsame Front gegen den atheistischen Kommunismus. Politisch werden sie begleitet von Anregungen zu Bündnissen mit den Türken, die bei den Arabern noch in schlechter Erinnerung waren, mit den Persern, die wenig geschätzt waren, und sogar implizit – mit Israel. Wie einst Deutschland erscheint die UdSSR – zu Recht oder zu Unrecht – als die große nichtkolonialistische Macht, als Feind der Gegner, gegen die man kämpfte.

Diese Gefühle sind der Hintergrund für die Unruhen in Syrien, wo sich durch militärische Umstürze (seit 1949) eine neutralistische öffentliche Meinung bildet. Im September 1954 siegt bei den syrischen Wahlen die Linke in der Gestalt der Ba'th (Baass) Partei (Sozialistische Partei der arabischen Renaissance). Ein Kommunist wird gewählt. Die ägyptische Revolution (23. Juli 1952) bringt eine Gruppe von Nationalisten unter der Führung von Nasser an die Macht, der zuerst eine pro-westliche Orientierung aufrechtzuerhalten versucht. Der Bagdad-Pakt (Februar-April 1955), der die Türkei, den Irak, den Iran und Pakistan unter anglo-amerikanischer Schirmherrschaft verbindet, veranlaßt die ägyptischen Offiziere, die gegen eine türkisch-irakische Führung waren, sich allmählich in Richtung eines Bündnisses mit dem sozialistischen Block zu wenden. Nasser traf Tschou en-Lai in Bandung (April 1955) und kaufte Waffen von der Tschechoslowakei (September 1955). Die Verweigerung von Krediten für den Staudamm von Assuan durch die

Amerikaner löst als Reaktion die Nationalisierung des Suez-Kanals aus (Juli 1956). Die britisch-französisch-israelische Intervention in Suez (Oktober-November 1956), die aufgrund der amerikanisch-sowjetischen Reaktion fehlschlägt, radikalisiert das arabische Nationalgefühl noch.

Dieses wird durch den algerischen Aufstand (im November 1954) noch mehr angespornt sowie durch die Unabhängigkeit des Sudan (1955), Tunesiens und Marokkos (1956). Die Vereinigten Staaten verlieren die Beliebtheit, die sie durch ihre Haltung während der Suez-Krise erworben haben. Die Eisenhower-Doktrin (Januar 1957) sieht die eventuelle Intervention amerikanischer Truppen vor, wenn ein Land »vom internationalen Kommunismus bedroht« wird. Die militante Feindschaft der Amerikaner gegen das neutralistische syrische Regime und die Befürchtungen der Ba'th-Partei vor einem Anwachsen der Kommunisten in Syrien veranlassen diese Partei dazu, den Führer der ägyptischen Offiziere, Nasser, dessen Popularität als »Arabischer Nationalheld« nach der Suez-Krise ins Unermeßliche gestiegen ist, für eine syrisch-ägyptische Union zu gewinnen. Nach langem Zögern proklamiert Nasser die Vereinigte Arabische Republik (1. Februar 1958), der der Jemen (in theoretischer Form) beitritt. Die Begeisterung in der arabischen Welt ist unbeschreiblich; man sieht darin den ersten Stein für den Aufbau einer großen arabischen Union, was seit langem ihr sehnlichster Wunsch ist.

### *Die Theoretiker und die Theorien*

Nach den Pionieren des antiimperialistischen Protonationalismus, die von einer Befreiung und einer Erneuerung im Rahmen des Osmanischen Reiches und innerhalb der islamischen Gemeinschaft träumten, brauchte der arabische Nationalismus lange Zeit, um Theoretiker zu finden. Innerhalb der Bewegungen, die die Unabhängigkeit forderten, tendierte die praktische Tätigkeit, die sich auf die unreflektierten Gefühle der Massen stützte, spontan dahin, als Rahmen die arabische Ethnie von Asien zu wählen. Die Frage der Ausweitung auf die Araber von Afrika wurde nur gelegentlich behandelt, in zögernder und unentschiedener Weise, wenn sie nicht gar schlicht und einfach zurückgedrängt wurde. Die ersten Nationalisten des Maghreb konzentrierten sich auf den Kampf für ihre Entscheidungsautonomie. In diesen Ländern, in denen sich (im Gegensatz zum Orient) die islamische Zugehörigkeit völlig deckte mit der arabischen Identität – die auch die Berberophonen einbezog –, appellierte man, abgesehen von örtlichen Forderungen, nur an die arabische und islamische Solidarität, die auf eine unbestimmte Weise untereinander vermischt waren. Die ersten Ansätze zu theoretischen Überlegungen erschienen hier und da bei Publizisten und Politikern in Reden, Flugblättern, Zeitungs- und Zeitschriftenaufsätzen.

Wir haben bereits (S. 106) von kommunistischen und wirklich panarabistischen Theoretisierungen um 1930 gesprochen, die aber bei den Betroffenen so gut wie unbekannt blieben. Einer der ersten, wenig beachteten Theoretiker war Edmond Rabbath, ein Christ aus Aleppo, dessen Werk *Unité syrienne et devenir arabe* (Syrische Einheit und arabische Zukunft) (Paris, Rivière, 1937) auf Französisch erschien. Ihm folgten die Libanesen, der Christ Constantin Zurayq (ab 1938) und der Muslim ʻAbdallah al-ʻAlayili (1941) und der syrische Muslim sowie ehemalige osmanische und irakische Beamte, Sati' al-Husri, der ab 1940 viele Bücher zu diesem Thema schrieb, und viele andere.

Der arabische Nationalismus hat sich eine Ideologie geschaffen, die eine grundlegende Theorie der Nation und eine der arabischen Nation im besonderen beinhaltet. Diese Theorie entsteht aufgrund des spontanen Strebens und der praktischen politischen Probleme, die die Situation der arabischen Völker stellte, doch sie verwendet dabei in Europa entwickeltes ideologisches Rüstzeug. Den europäischen Theorien über die Nation entnahm sie die Verteidigung und die Auszeichnung der gemeinsamen Sprache und Geschichte als ein bedeutenderes Kriterium als die gepriesene territoriale Bindung. Die arabische Nation wurde auf einer einheitlichen Grundlage definiert und als *qawmiyya* (von *qawm*, »Volk«, in Anlehnung an das Wort »Volkstum«) betrachtet, während man versuchte, das Konzept von »wataniyya« (von »*watan*«, »Geburts- oder Wohnort« »Vaterland«, bei dem das territoriale Element wesentlich ist) zu beseitigen oder diesen Begriff unter der Bedeutung des Patriotismus einzuordnen. Die örtlichen Patriotismen, die sich auf die spezifischen Faktoren stützen, die die verschiedenen arabischen Länder voneinander unterscheiden, wurden entwertet und mit pejorativen Bezeichnungen versehen wie »*iqlimiyya*«, »Regionalismus«. Sie lösten die Kampfsolidarität dieser Länder auf, die mit ihren neu errichteten und oft von den europäischen Mächten festgesetzten Grenzen zumeist unfähig waren, starke Gefolgschaftsgefühle zu erwekken. Selbst in Ägypten, wo seit dem Altertum ein ausgeprägtes und eigentümliches Nationalbewußtsein herrscht, haben sich die anfänglichen Theoretisierungen eines eigenständigen ägyptischen Nationalismus – wenigstens verbal – dem arabischen Nationalismus unterordnen müssen.

Eine Art »Heiliger Geschichte« wurde zusammengestellt, die die großen Taten des arabischen Volkes in der Vergangenheit preist und alle negativen Begleiterscheinungen der arabischen Geschichte oder Kultur dem türkischen, persischen oder europäischen Einfluß zuschreibt. Man neigte dazu, die Errungenschaften aller Völker semitischer Sprache auch vor der arabischen Ausdehnung dem Arabismus zuzuschreiben und die Berber, Ägypter oder Kopten als Araber bereits seit dem Altertum zu betrachten. So hat man die Ideen und die Werte des modernen arabischen Nationalismus in die arabische Vergangenheit übertragen. Die ganze Geschichte wurde auf ein Ziel hin orientiert: den Aufbau (als Wiederaufbau betrachtet) einer starken, einheitlichen arabischen Nation.

Daraus wird von jetzt an eine Ethik entwickelt. In der romantischen Ausrichtung von Fichte und Hegel ist das Individuum der Nation untergeordnet; das entspricht übrigens den Auffassungen der vormodernen Gesellschaften. Jeder hat die Pflicht, sich für die Nation zu opfern und muß dazu gezwungen werden, wenn die Notwendigkeit besteht. Die Nation ist der oberste Wert, was durch eine laizistische Beweisführung gerechtfertigt wird. Allerdings sind die traditionellen Begriffe der Unterordnung gegenüber dem Staat oder der religiösen Gemeinschaft (der Islam) neu interpretiert und in dieser Perspektive verwendet worden.

Der Islam wird weniger als eine göttliche Offenbarung über den Menschen, die Welt und Gott gedeutet, sondern vielmehr als ein nationaler arabischer Wert. Selbst die arabischen Christen anerkennen ihn als solchen und rühmen die Rolle von Muhammad als einigende Gestalt der Araber, als Wegbereiter ihrer Ausbreitung. Gemäßigte Auffassungen des Arabismus berücksichtigen die regionale Zugehörigkeit (daher ein doppelstöckiger Nationalismus), die Rechte der ethnischen Minderheiten und die Besonderheiten der religiösen Minderheiten. Doch die extremen Auffassungen haben einen starken Einfluß, besonders in Krisenzeiten. Das Einverständnis der Minderheiten mit den europäischen

Mächten in der Vergangenheit, ihre damalige vermittelnde Rolle beim Eindringen des europäischen Kapitalismus in den Orient, die zentrifugalen Gefolgschaften mit allen möglichen Konsequenzen, wie z.B. die Abhängigkeit der christlichen Kirchen von fremden Autoritäten, wurden manchmal als Faktor des Mißtrauens ihnen gegenüber eingesetzt. Dieses Mißtrauen (das durch einen Mechanismus des circulus vitiosus die traumatisierten Minderheiten wiederum dazu treibt, sich anderswo umzuschauen, und auf diese Weise a posteriori gerechtfertigt wird), kann (zu bestimmten Zeiten und in bestimmten Ländern) dazu führen, ihnen einen geringeren Anteil an verantwortlichen Posten zuzugestehen im Vergleich zu den muslimischen Arabern (und manchmal genaugenommen sogar im Vergleich zu den sunnitischen Arabern). Obwohl beide Formen gleich sind, wird der Nationalismus der Letzteren ganz vage als sicherer betrachtet.

Der allgemeine Charakter dieses arabischen Nationalismus war wenigstens zum Teil revolutionär, weil er gegen eine bestehende Situation und die davon profitierenden Schichten kämpfen mußte, die mit den westlichen Mächten und ihrer Wirtschaft verbunden waren. Die soziale Basis, aus der der Nationalismus hervorging, war die Mittelklasse, doch hat er die anderen Klassen stark beeinflußt. Ihm ist es nie gelungen, sich eine vereinte politische Organisation und Ausrichtung zu geben, aber die Stärke der Gefühle und Bestrebungen, auf die er sich stützte, genügte, um spontane, aber oft vorübergehende Mobilisierungen der Massen zu erlauben zugunsten ihrer Ideale und unmittelbaren Ziele, und auch, um die konservativen Gruppen zu einer bestimmten Teilnahme zu zwingen. Diese mußten sich der allgemeinen Bewegung gegenüber listig verhalten und sich damit begnügen, sie zu bremsen und zu kanalisieren, um zu vermeiden, daß sie zu extremen und für sie unangenehmen Folgen führte.

Die Konstellation der weltpolitischen Mächte einerseits und der Druck der sozial benachteiligten Klasse andererseits haben die Entstehung von Ideologien bedingt, die den arabischen Nationalismus und das Ideal einer gerechten Gesellschaft miteinander in Übereinstimmung zu bringen suchten. Die arabischen Kommunisten hatten bereits vor dem Zweiten Weltkrieg versucht, ihre Bemühungen in diese Richtung zu orientieren. Danach hat die Ba'th (Baass)-Partei sich bemüht, die Theorie eines arabischen Sozialismus zu entwickeln. Die Betonung lag zuerst mehr auf dem nationalistischen Element, aber eine baassistische Linke versuchte, das sozialistische Ideal stärker hervorzuheben. Später führten die Verstaatlichungsmaßnahmen, zu denen die ägyptische Regierung durch innere und äußere Umstände (und die Unterstützung, die ihre Ziele im sozialistischen Block fanden) gezwungen war, um ihren Zielen der Unabhängigkeit und Modernisierung treu zu bleiben, zur Ausarbeitung eines »arabischen Sozialismus« (Nasserismus). Die Konflikte zwischen den Staaten und den Organisationen, die als Vorkämpfer für die verschiedenen Tendenzen fungierten, mündeten in eine gewisse Bemühung zur Vertiefung, doch bis jetzt bleibt ein Nationalismus mit ziemlich einfachen Fundamenten das vorherrschende Element. Bei den arabischen Marxisten gibt es Ansätze, die Theoretisierung des sozialistischen Elements zu entwickeln, doch in einer Weise, die, auch außerhalb kommunistischer Kreise, dem stalinischen Typ anhängt. Aber die Ideen, Haltungen und praktischen marxistischen Anweisungen hatten einen viel größeren Einfluß und begünstigten die Entstehung von verschiedenen Varianten eines mehr oder weniger marxisierten Nationalismus.

*Die praxisrelevanten Theoretisierungen in ihrer Anwendung*

Die Theoretisierungen wurden manchmal von Regierungsintellektuellen erarbeitet, die stets den Willen hatten, dem Kampf ihres Volkes zu dienen, und deren Ideen nicht ohne Auswirkungen waren. Aber manche dieser Ideen, die oben bereits erwähnt wurden, sind konzipiert worden, um einer im politischen Kampf engagierten Partei als theoretische Grundlage zu dienen (das war der Fall der Baass-Partei); andere wurden nachträglich erarbeitet, um die gleiche Funktion für eine Partei oder eine zur Macht gelangte Gruppe auszuüben, die mit sehr elementaren Grundgedanken ausgestattet ist, so daß es sich als notwendig erwies, diese Ideen zu entfalten und zu präzisieren (Nasserismus). Der Einfluß dieser Theorien, der von Gruppen ausging, die mit Machtbefugnissen ausgestattet waren, oder wenigstens von politischen Organisationen, war sehr groß und nicht zu vergleichen mit dem Einfluß der reinen Intellektuellen. Er wurde durch die politische Handlung spürbar, die einen großen Widerhall fand und die dazu beitrug, die Mentalität der Menschen zu formen und Strömungen von kollektiven Gefühlen und Ideen zu schaffen.

Auf diese Weise werden die großen Tendenzen, die aus dem Streben der Massen hervorgehen und die die Grundzüge einer vagen Ideologie einschließen, erfaßt und kanalisiert; sie manifestieren sich als Massenideologien, indem sie auf eine etwas präzisere Weise verdeutlicht werden. Diese beeinflussen die Formulierungen und Handlungen der Führer, die ihrerseits auf den Geist der Massen Einfluß ausüben, nicht ohne auf ihre Weise interpretiert zu werden.

So tritt der Arabismus, der eine Gesamtheit von Tendenzen, Bestrebungen und von oft sehr schwankenden oder allgemeinen Ideen ist, in der Form von vielen Massenideologien auf, von denen eine über fünfzehn Jahre lang die Geister beherrschte, vor allem im arabischen Orient, doch nicht ohne Einfluß auf den Maghreb war. Es ist der Nasserismus, der sich auf einen charismatischen und einflußreichen Führer beruft, der durch spektakuläre Gesten die Anhänglichkeit breiter Massen gewann; in dem bevölkerungsreichsten, stärksten und in vieler Hinsicht einflußreichsten Land der arabischen Welt stand er an der Spitze der Macht. Es handelt sich um Gamal 'Abd an-naser (Nasser).

### *Vorherrschaft des Nasserismus (1958-1970)*

Von 1958 bis 1970 werden die arabischen Massen, trotz zahlreicher Anfechtungen und Gegenströmungen, von der nasserischen Formulierung der arabistischen Ideologie beherrscht. Es handelt sich dabei immer noch um einen arabischen Nationalismus, der die wünschenswerte Einheit der gesamten arabischen Nation betont. Der Hauptfeind ist der »Imperialismus«; unter diesen Begriff fallen ausschließlich die wirtschaftlichen und politischen Maßnahmen, durch die die kapitalistischen Westmächte, vor allem die Vereinigten Staaten, ihre Vorherrschaft sichern. Der »Imperialismus«, ein sehr reeller Faktor, wird zu einem Mythos aufgebaut und als ein einheitliches Zentrum betrachtet, eine Art monströse und bösartige Person, die ihre Fühler überallhin ausstreckt und stets machiavellische Verschwörungen im Schilde führt gegen die Freiheit und das Wohl der Völker, namentlich gegen die Verwirklichung der arabischen Einheit. Die der arabischen Nation entsprechende soziale Ordnung ist nach dieser Auffassung der »arabische Sozialismus«, d.h. ein Staatskapitalismus, der die autonome

Entwicklung garantiert, gegenüber den Folgen der Abhängigkeit, die auf eine heimliche und versteckte, aber um so gefährlichere Weise die liberale Wirtschaft nach sich zieht. Diese Ordnung beinhaltet eine Wirtschaftsplanung und eine autoritäre Führung, während ihre Bezeichnung den Massen Feindseligkeit gegen Ungleichheiten und Privilegien suggeriert. Der Islam wird respektiert und als mit den Forderungen des »Sozialismus« und Arabismus konvergierend interpretiert, ohne daß man eine Einmischung der Geistlichen in die Leitung des Staates toleriert. Die altertümlichen Verfügungen des traditionellen islamischen Gesetzes werden durch eine gefällige Exegese angepaßt und modernisiert. Die Bindung an die kommunistischen Staaten wird als ein unentbehrliches Gegengewicht zu der westlichen Feindseligkeit angestrebt, doch man ist auf der Hut gegenüber ihrer Ideologie und ihren einheimischen Wortführern, gegenüber den Kommunisten und anderen autochtonen Marxisten, gegenüber jeder Einflüsterung, daß der Klassenkampf sich im »arabischen, sozialistischen« Staat fortsetzen könnte, daß der Arabismus und der Islam nicht ausreichen könnten als Garantie gegen Ausbeutung und Unterdrükkung, ja vielleicht sogar als Tarnung fungieren könnten.

Der Westen sah zum größten Teil im Nasserismus eine verdorbene und schädliche Ideologie, einen verhängnisvollen und imperialistischen »Panarabismus«, der die schlimmen Erinnerungen an den Pangermanismus wachrief. Man verstand nicht, daß das Schlagwort der arabischen Einheit von keinem Führer aus dem Vokabular entfernt werden konnte, wenn er die Unterstützung der Massen erwerben wollte; dasselbe galt für den Anspruch auf Palästina. Nasser hat übrigens seine praktische Politik auf diesen beiden Ebenen in sehr gemäßigter Weise ausgeübt, trotz des leidenschaftlichen Charakters seiner Reden in dieser Beziehung.

In den katastrophalen Krieg vom Juni 1967 ist er hineingezogen worden durch die Initiativen, die er aufgrund der Erfordernisse seiner Rolle als Volksführer unternommen hatte, ohne die Folgen oder die Härte der israelischen Reaktionen, die sie auslösten, vorauszusehen; er war sich der Schwäche seiner eigenen Armee wohl bewußt, doch kannte er das tatsächliche Ausmaß ihrer Mangelhaftigkeit nicht. Die ägyptischen begüterten Klassen warfen ihm die Verstaatlichungsmaßnahmen vor, die aber notwendig waren, wenn man die sehr schlechte ägyptische Wirtschaft in Richtung Unabhängigkeit führen wollte. Die diktatorischen und polizeilichen Maßnahmen, die zu Recht von allen Opfern gebrandmarkt wurden – mögen sie rechts oder links stehen –, waren die lokale Version (eine in der Durchführung besonders brutale und wenig intelligente Version) der gewöhnlichen Zwangsmaßnahmen, die von solchen Regimen ausgeübt werden.

Jede nationalistische Ideologie stellt sich dar, als sei sie einzig und allein von den Interessen und Bestrebungen der gesamten Nation beseelt. Doch sie trägt nicht weniger den unbestreitbaren Charakter der Klasse oder der Klassen, die sie verbreiten oder gestalten, und sie bringt nicht weniger ihre eigenen Interessen mit Vorrang zum Ausdruck. In Ägypten war der Nasserismus die Ausdrucksform der mittleren Klassen, die aus Nationalismus aufrichtig antiimperialistisch und ohne Vorbehalte gegen eine staatliche Führung und einen staatlichen Sektor der Wirtschaft waren. Aber wenn sie auch der Notwendigkeit einer Modernisierung der Gesellschaft zustimmten, so wünschten sie nicht weniger heftig, die schweren sozialen Erschütterungen zu vermeiden, und sie fürchteten die plebejische Roheit. Die ungeheure Ausdehnung des Staatssektors versorgte eine neue breite Klasse mit Posten und Pfründen (Militär und Zivilpersonen); diese Klasse unterhielt enge Bindungen mit den übrigen Schichten, die ihrer Macht enthoben worden waren: Landbesitzern und Großbürgertum. Viele wurden in das neue System integriert. Innerhalb und außerhalb Ägyptens praktizierte diese neue Klasse eine Politik der vorsichtigen Kompromisse und sorgfältig kontrollierter Initiativen, die allerdings bei den Massen das strahlende Prestige ihres Führers aufrechterhielt.

Der große Konkurrent des Nasserismus im Orient war der Baassismus, dessen Klassengrundlage und allgemeine Orientierung ungefähr die gleiche war. Doch den Führern der Baass-Partei gelang es keineswegs, Nassers Prestige zu erlangen, und ihre Handlungsbasis, Syrien und der Irak, konnten ihnen kein vergleichbares Sprungbrett für spektakuläre politische Handlungen bieten.

Keine der großen Hoffnungen, die die Massen unterhielten, indem sie diesen Richtlinien und Ideologien folgten, wurde verwirklicht. Die Union zwischen Syrien und Ägypten unter dem Namen Vereinigte Arabische Republik (1. Februar 1958), die bald durch eine sehr lockere Föderation mit dem Jemen (8. März) ergänzt wurde (und die für andere eventuelle Mitglieder offenblieb) mit dem neuen Namen »Vereinigte Arabische Staaten«, enttäuschte sehr rasch die Ideologen, die geglaubt hatten, daß die Bildung eines großen, einheitlichen arabischen Staates in Sicht sei und daß der Zusammenschluß der arabischen Länder sich nur beschleunigen könne.

Die Beziehungen mit dem Jemen, eins der archaischsten Länder, das damals von einem patriarchalischen Despoten regiert wurde, nahmen niemals konkrete Formen an. Die Wirtschaftsinteressen der Syrer und die Aktivitäten ihrer politischen Gruppen wurden durch den Autoritarismus der ägyptischen Beamten und Militärs beeinträchtigt, die dieser nördlichen Region der VAR eine untergeordnete Stellung zuwiesen. Die Syrer reagierten durch die Trennung (28. September 1961). Das Ideal der Union mußte sich in die Verfassungen verschiedener Staaten zurückziehen, wo es verzeichnet wurde unter dem Namen der Vereinigten Arabischen Republik, der eine Zeitlang in Ägypten fortbestand, in der Bezeichnung der Syrischen Arabischen Republik, die von den Syrern gewählt wurde, und in anderen analogen Benennungen, die anderswo angenommen wurden. Die arabischen Staaten fuhren seitdem fort, im Rahmen ihrer Liga eine divergierende Politik zu betreiben, indem sie zahlreiche Bindungen eingingen und wieder lösten, die alle mehr oder weniger vergänglich waren und oft in direkter Rivalität zueinanderstanden. Marokko ist sogar so weit gegangen, zeitweise die Unabhängigkeit Mauretaniens anzufechten, und ein kleiner algerisch-marokkanischer Krieg dauerte einige Tage (Oktober 1963). Dieser Krieg lief Gefahr, im Februar 1976 wegen der ehemaligen spanischen Sahara wieder aufzuflammen. Im Augenblick, wo ich diese Zeilen niederschreibe, gibt es zwar keinen direkten Krieg, doch die »Frente Polisario«, deren Programm die Autonomie dieser Gegend ist, führt mit Unterstützung von Algerien harte Guerillakämpfe gegen Marokko und Mauretanien, die die ehemalige spanische Sahara unter sich aufgeteilt haben. In ihrer Polemik sprachen Algerien und vor allem Marokko von historischen Rechten und beschworen einen »regionalen« Nationalismus herauf, der logischerweise im Widerspruch zum allumfassenden arabischen Nationalismus steht. Ohne so weit zu gehen, besaßen aber auch die nichtmilitärischen Konflikte zwischen zwei arabischen Ländern oft eine scharfe Zuspitzung.

Für bestimmte arabische Länder wichtige Kämpfe wurden von den anderen Ländern nicht unterstützt. Nur einige große gemeinsame Angelegenheiten konnten sie für eine Weile einigen (doch nie voll und ganz): Unterstützung der Entkolonialisierung der noch abhängigen Länder (Kuweit, 1961; Algerien, 1962; Südjemen 1967; die Emirate am Golf, 1971), der Kampf gegen Israel, dem letzten nichtbefreiten Land (Junikrieg 1967 und Oktoberkrieg 1973).

### *Arabismus von links gegen Arabismus von rechts*

Der Nasserismus und auch der Baassismus sind sowohl daran gescheitert, die arabische Einheit zu verwirklichen, als auch daran, das palästinensische und israelische Problem zu lösen. Wirtschaftlich gesehen waren die Leistungen nirgendwo glänzend, und namentlich das Ägypten Nassers versank in Elend und kulturellem Verfall. Die neuen an der Macht befindlichen Klassen erinnerten oft in für sie unangenehmer Weise an die alten. Der Fehlschlag vom Juni 1967 ließ Zweifel aufkommen an der Tauglichkeit der vergangenen Orientierungen, brennende Probleme zu lösen.

Jedes große Problem, jeder Fehlschlag und jede Krise bei der Verwirklichung der Ideale des arabischen Nationalismus riefen Zweifel hervor, die auf dem Gefühl basierten, daß irgend etwas in dieser Ideologie fehle und daß man sie mit Elementen aus den großen Weltideologien verschmelzen müsse. Die Tatsache, dies nicht berücksichtigt zu haben, wäre somit die Erklärung für den Fehlschlag, die Krise oder die Unzufriedenheit. Diese Entdeckungen waren die Angelegenheit neuer Generationen oder neuer sozialer Schichten, die die Meinung vertraten, daß der Fehlschlag mit der von der alten Generation geschaffenen Lage in Verbindung stand, und die selber die Führung der Bewegung anstrebten.

Die erste kommunistische Offensive der Jahre 1920, ihre

Wiederbelebung in der Levante um 1936 und dann um 1944 stellten bereits eine Bemühung dar, den arabischen Nationalismus im Rahmen der Konzepte des Marxismus neu zu interpretieren. Die Gründung der Baass-Partei im Jahre 1943 war ein Versuch, ihm eine »sozialistische« Ausrichtung zu geben, die aber völlig frei von aller Bindung an den Kommunismus sein sollte. Aber die Erfahrung der Macht hatte – wie auch schon beim Nasserismus – die Grenzen dieses »Sozialismus« aufgezeigt, und die Enttäuschungen blieben nicht aus aufgrund der einfachen Tatsache, daß zwischen den Hoffnungen und der Verwirklichung eine große Entfernung lag.

Um 1960 treten neue Bewegungen in Erscheinung, zunächst embryonal, die darauf abzielen, eine viel radikalere Orientierung im nationalen Kampf durchzusetzen und die unterstellte Schwäche der Führungen zu kritisieren und zu erklären. Ein internationales Modell des radikalen und revolutionären Kampfes, das für von solchen Einrichtungen ermutigten Gruppen höchst verführerisch ist, wird ihnen von der Gesamtheit der linksradikalen Gruppen geliefert (die Linken – Gauchisten – bei den Franzosen, die Neue Linke bei den Angelsachsen). Die Ideologie, die diese Tendenz beleben sollte (und die überdies durch die chinesische Theoretisierung mit der Aureole der Dritten Welt und Asiens versehen ist), wurde als »Marxismus-Leninismus« aus der Taufe gehoben, obgleich die Forderung irgendeiner beliebigen Revolution meist das einzige Element ist, das eine solche Gruppe mit den Ideen von Marx und Lenin verbindet.

In der Bewegung der arabischen Nationalisten (*al-qawmiyyûn al-ʿArab*), einer zunächst geheimen Gruppierung von jungen Leuten mit einem großen Anteil von Palästinensern, die sich in Beirut trafen und von dem Wunsch beseelt waren, die nationalen Ziele zu verwirklichen, und die eine Zeitlang begeisterte Nasseristen waren, zeichnet sich im Jahre 1964 deutlich ein linker Flügel ab. Die Kritik an der zu großen Vorsicht der Regierung führte allmählich zur Denunziation nicht nur der alten Herrschaftsklassen, sondern auch der nasseristischen und baassistischen Bürokratien, deren Niederlage im Jahre 1967 ihre Mängel aufzudecken scheint.[26]

Die Ereignisse in Südarabien spielten in dieser ganzen Entwicklung eine große Rolle. Der Nasserismus verlor bei vielen sein Ansehen wegen des vorherrschenden Autoritarismus, der im Nordjemen durch die militärische Intervention Ägyptens zur Unterstützung der jemenitischen Republikaner zum Ausdruck kam (1962-1967). Im Südjemen zeigte sich die nasserische *FLOSY* (Front for the Liberation of Occupied South Yemen) im Kampf gegen die Briten zu sehr als ein Apparat im Dienste der besonderen Strategie Kairos. Die verschiedenen Zweige der MNA in Arabien (die in den fünfziger Jahren gegründet worden war), die zunächst nasseristisch ausgerichtet waren, brachen ihre Verbindung zu allen nasseristischen Einrichtungen ab und orientierten sich am »Marxismus-Leninismus«. Diese Linke, die im Nordjemen besiegt worden war, gelangte 1969 im Südjemen an die Macht. Auch für viele Palästinenser wurde die nasseristische Vormundschaft immer unerträglicher. Der Aufstand gegen sie, der Wille zum unabhängigen Kampf und die Suche nach den Gründen der Niederlage im »Verrat« der arabischen Führer nahmen ebenfalls teilweise eine »marxistisch-leninistische« Färbung an. Eine marxisierende baassistische Linke übte von 1966 bis 1970 die Macht in Syrien aus.

Nur im Maghreb (Algerien und Marokko) vertreten die klassischen kommunistischen Gruppen weiterhin im wesentlichen die marxistische Linke, auch wenn sie mehr oder weniger getarnt oder geheim sind. Die ultrarevolutionäre Linke (»Gauchismus«) hat hier bis jetzt nur einige kleine und bedeutungslose Gruppen beeinflußt. Die von diesen algerischen und marokkanischen Kommunisten geäußerte Kritik zeigt sich respektvoll gegenüber der etablierten Macht, der algerischen FLN und König Hassan II.

Angesichts all dieser linken Bewegungen zeichnete sich eine rechte Reaktion ab, die aufgrund der Ereignisse in den letzten Jahren mehr und mehr an Macht gewann. Der Ausgangspunkt für die Neuorientierung war die Niederlage Nassers gegenüber Israel im Juni 1967. Die wirtschaftliche Notlage Ägyptens infolge des Verlustes des Sinai und der Schließung des Suezkanals sowie der Prestigeverlust des Nasserismus gaben dem saudischen König Faysal (im März 1975 ermordet) die Oberhand; er war ein strenggläubiger Muslim und ein vorsichtiger Modernisierer, aber ein großer Gegner jeder sozialen Entwicklung. Mit den Emiren vom Golf verfügte er dank der enormen Einnahmen durch das Erdöl über eine ansehnliche Macht. Diese Tatsache verhalf ihm dazu, für seine Wirtschaftshilfe, deren die arabischen Staaten, namentlich im Orient, dringend bedurften, seine Bedingungen durchzusetzen. Die harte Niederlage der Palästinenser in Jordanien während des »Schwarzen Septembers« 1970, auf die unmittelbar danach der Tod Nassers folgte, verstärkte nur noch die Vorherrschaft Saudi-Arabiens. In Ägypten revidierte Anouar es-Sadat, der Nachfolger Nassers, was von den mehr oder weniger »sozialistischen« Optionen Nassers übrigblieb. Auch in Syrien wurden die Ultrarevolutionäre im November 1970 von der Macht vertrieben. Die Rückkehr des Nordjemens auf eine nicht-revolutionäre Linie seit dem Jahre 1968 ist ebenfalls auf den unmittelbaren Einfluß Saudi-Arabiens zurückzuführen.

Schließlich war auch der Südjemen aufgrund seiner wirtschaftlichen Armut und seiner politischen Isolierung gezwungen (1976), seine revolutionäre Ausrichtung abzuschwächen und einen *modus vivendi* mit Saudi-Arabien zu finden. Diese rechte Option verstärkte sich durch die Erfolge, die sie verbuchen konnte: der Oktober-Krieg 1973, in dem ein arabischer Staat zum ersten Mal wichtige militärische Erfolge gegen Israel erzielen konnte, das Zwischenabkommen vom September 1975, durch das Israel einen Teil des Sinai freigab, und vor allem die Vergrößerung der Finanzmacht der arabischen Ölstaaten durch die von der OPEC beschlossenen Ölpreiserhöhungen. Die spektakuläre Wiederherstellung der amerikanischen Wirtschaftsmacht nach einer kurzen Periode eines scheinbaren Rückgangs geht in die gleiche Richtung.

### *Der Aufbau der arabischen Macht*

Diese Erfolge gaben den Monarchen der Arabischen Halbinsel Waffen in die Hand, die die anderen arabischen Staaten veranlaßten, sich ihrer Politik anzuschließen. Es geht darum, einen arabischen Block zu errichten, der über das Prestige und die Fallen einer formellen politischen Einigung hinausgeht, um über eine tatsächliche Macht auf Weltebene zu verfügen. Eine Aktionseinheit bildete sich aus der Allianz zwischen der herrschenden Klasse despotischer Staaten mit ihren Prinzen einerseits, die im Finanz-, Handels- und Industriesektor investieren, und den neuen an der Macht befindlichen Klassen in den Ländern mit Staatskapitalismus andererseits.

Die beträchtliche Finanzmacht, die diesem neuen Block zur Verfügung steht, dessen politische Unabhängigkeit von nun an unbestritten ist, soll ihm helfen, eine Weltrolle in

Verbindung mit den Vereinigten Staaten zu spielen. Diese Wahl wurde sowohl durch den Konservatismus der Führer der Arabischen Halbinsel als auch durch eine kühle Analyse der Machtverhältnisse auferlegt. Diese Macht erlaubt ihnen, der Rolle als Satellit zu entkommen, Gegenleistungen und einen Teil der Gewinne der amerikanischen Hegemonie zu erhalten. Ein Platz könnte auch Israel, dem Schutzbefohlenen der Amerikaner, zugestanden werden, vorausgesetzt, daß der jüdische Staat sich auf seine Grenzen von 1967 zurückzieht und somit erlaubt, die revolutionäre Ablehnung zu entwaffnen, die durch die palästinensische Lage entstand, und die die arabischen Massen gegen den Status quo mobilisieren kann. Ein beständiger Druck auf die Vereinigten Staaten soll diese dazu bewegen (man versteht ihre Schwierigkeiten), diese Konzessionen von Israel zu erhalten.

Das saudische Projekt hat in der Praxis im wesentlichen die Zustimmung und die Zusammenarbeit auch der Regime erhalten, die sozialisierende Optionen hegen und Beziehungen zur Sowjetunion unterhalten wie Irak, Syrien und Algerien. Diese Länder verzichten – auch wenn Syrien beispielsweise den Privatsektor ausweitet – gewiß nicht darauf, die Führungsrolle des sta atskapitalistischen Sektors in der Wirtschaftsentwicklung aufrechtzuerhalten, eine mehr oder weniger egalitaristische Ideologie zu verbreiten oder auf wenig freundliche Handlungen gegenüber der Politik der Vereinigten Staaten. Die Beziehungen, die sie mit dem System des Weltkapitalismus unter amerikanischer Vorherrschaft knüpfen, bleiben vorsichtig, um die Vorteile einzuheimsen, ohne sich in das Netzwerk der versteckten Abhängigkeit einfangen zu lassen, die mit dieser Produktionsweise einhergeht, und ohne ihren revolutionären Ruf zu beflecken. Aber die praktische Teilnahme (sei sie auch zurückhaltend oder versteckt) am neuen arabischen Block bleibt eine wesentliche Orientierung in der Gegenwart (1978).

Die Perspektiven der vorhergehenden Dekaden hatten es vielen erlaubt, den Kampf für den Sieg des Arabismus in die Linie der weltweiten Linken zu rücken. Doch die Enttäuschung, die durch die Stärke der konservativen Regime und durch die Entwicklung der Regime mit revolutionärem Programm verursacht wurde, hat für zahlreiche Araber diese Identifizierung mit dem ideologischen System, dem sie verbunden waren, auf den Kopf gestellt. Jetzt scheint der Sieg des Arabismus vielmehr mit einer finanziellen, technischen und militärisch-autonomen Macht verbunden zu sein und an die kapitalistische Welt gebunden. Wohl bleibt der Nationalismus bestehen, aber er erhält bei vielen eine konservative Färbung. Die Stabilisierung steht auf der Tagesordnung. Die Machthaber bestärken die Ideologien, die an den nationalen Zusammenhalt appellieren und die Identität, die »Authentizität«, einschließlich der Treue gegenüber der islamischen Identität verherrlichen. In diese Richtung wendet sich ein großer Teil der Massen, die von den Ideologien des revolutionären Wandels enttäuscht wurden. Viele flüchten sich in einen pietistischen Moralismus und in die Mystik. Die religiösen Kader, die im allgemeinen konservativ sind, nehmen diejenigen, die zu ihnen kommen, auf und führen sie auf diesen Weg.

Obwohl die algerische Regierung gewissermaßen – als säkulare Kraft – die Praktizierung des von den Religionsführern gepredigten Puritanismus unterstützt, bleibt sie dabei vorsichtig und weist ihnen nur einen begrenzten Bereich zu, den sie nicht überschreiten dürfen. Die beiden verfeindeten Baassfraktionen, die theoretisch in Syrien und im Irak an der Macht sind, bemühen sich, dem ursprünglichen Laizismus ihrer Partei treu zu bleiben. Nirgendwo legt man Wert darauf, in einen wirklichen Klerikalismus zu verfallen.

Die reichen und konservativen Machthaber Arabiens üben auf die anderen Staaten, die teilweise von ihren Hilfsgeldern abhängen, Druck aus, damit sie sich ihrer Politik anschließen. Vor allem wollen sie, daß sie jede Beziehung mit der Sowjetunion abbrechen. Trotz der »Weisheit« der Sowjetunion bedingen ihre Rivalität mit den Vereinigten Staaten und der Beigeschmack ihrer offiziellen Ideologie, die im Ausland noch wenig effizient ist, eine Allianz mit den »entstabilisierenden« Bewegungen, mindestens in der Dritten Welt. Tunesien, Mauretanien und Marokko schlossen sich im voraus dieser Orientierung an, ohne die fruchtbaren Handelsbeziehungen mit Moskau zu vernachlässigen. Ägypten und der Sudan schlossen sich ihnen an. Im Nordjemen wurde gerade zur passenden Zeit der oberste Führer Hamdi, der Anzeichen für eine Annäherung an den marxistischen Südjemen zeigte und die Vormundschaft der von Saudi-Arabien finanzierten Stammesführer erschüttern wollte, auf sehr undurchsichtige Weise ermordet (11. Oktober 1977).

Die Saudis gaben der Politik vieler arabischer Staaten am Roten Meer und am Horn von Afrika eine neue Ausrichtung. Diese Staaten halfen sowohl den eritreischen Widerstandskämpfern als auch dem muslimischen Somalia gegen das äthiopische Reich, das von den christlichen Amharas beherrscht war und eine proamerikanische und proisraelische Politik betrieb. Somalia, ein sozialistisches Land, das mit der UdSSR verbunden ist, wurde im Februar 1974 in die Arabische Liga aufgenommen trotz der sehr geringen Anzahl der Araber unter seiner Bevölkerung. Saudi-Arabien beabsichtigt vor allem, aus dem Roten Meer ein arabisches Gewässer zu machen, das von dem revolutionären

Virus soweit wie möglich bewahrt bleibt. Diese Option wurde ausgelöst oder verstärkt durch die Ereignisse nach dem Sturz des Kaisers Haïle Sellassie (September 1974), der Errichtung eines revolutionären Regimes in Äthiopien und namentlich durch den Entschluß der UdSSR, dieses Land als eine befreundete afrikanische Bastion zu betrachten (Februar 1977). Bezeichnenderweise setzten die meisten »progressistischen« arabischen Staaten an der Seite der konservativen Staaten ihre Hilfe sowohl für die eritreischen Widerstandskämpfer fort, die ideologisch gespalten sind, als auch für Somalia, ein »sozialistisches Land«, das sich aber von nun an um westliche Unterstützung bemühte.

Der neue Block stößt zwar auf Widerstand oder teilweisen Widerstand innerhalb der arabischen Welt. Dabei handelt es sich um Quasistaaten wie den Südjemen, der der sowjetischen Allianz treu blieb und Äthiopien unterstützte, sowie um die Palästinenser und um Libyen.

Der Fall Libyens ist ziemlich paradox. Alles schien darauf hinzudeuten, daß die jungen Offiziere und ihr charismatischer Führer, Oberst Kaddafi, die durch den Putsch vom 1. September 1969 an die Macht gelangten, der Linie des neuen Blocks folgen würden. Tatsächlich äußerte Kaddafi von Anfang an eine heftige Abneigung gegen den atheistischen Marxismus, die Sowjetunion und den Klassenkampf. Er stellte einen integristischen Islam zur Schau, der so konsequent und übertrieben nur in Saudiarabien wiederzufinden ist. Aber auch seine aufrichtige und oft unbefangene Zuneigung zu den Hauptwerten der beiden anderen Ideologien der arabischen Welt, zum Nationalismus und zum Sozialismus, hat eine merkwürdige Entwicklung hervorgerufen. Kaddafi erarbeitete eine Theorie, die er durchzuführen begann (in seinen *Grünen Büchern* kommt sie zum Ausdruck); sie erhebt den Anspruch, die politischen, wirtschaftlichen und sozialen Probleme auf dem Wege eines sozialisierenden Islam zu lösen. Libyen ist von *jumhuriyya* (Republik) in *jamāhīriyya* (Staat der Massen) umgewandelt worden. Ein wachsamer Antiimperialismus, der durch die Enthüllungen heimlich bestehender Bindungen der Integration im weltkapitalistischen System, durch die amerikanische Unterstützung Israels und durch die Kompromisse Ägyptens unter Sadat enttäuscht wurde, führte dazu, die zunächst verhöhnte, schließlich aber allein vorhandene Unterstützung der Sowjets zu suchen.

Der neue Block ist wegen des Palästinenserproblems sehr in Verlegenheit geraten, da er deren Forderungen nicht verleugnen kann. Er unterstützt die politisch in der Mitte stehende Gruppe, die formell an der Spitze der PLO steht, einer sehr lockeren Koalition heterogener Gruppen. Dieses Zentrum ist bereit, sich mit einem Projekt zu begnügen, das im Vergleich zu seinen ursprünglichen Forderungen sehr begrenzt ist: die Koexistenz mit dem Staate Israel, der im wesentlichen auf die Grenzen von 1967 beschränkt ist. Doch er hat sehr große Schwierigkeiten, diese Option für seine Massenbasis annehmbar zu machen, so daß man es bisher nicht wagte, diese Entscheidung offiziell und deutlich zu formulieren. Und dieses Zögern verstärkt im Zusammenhang mit den Übertreibungen der extremen Gruppen die israelische Unnachgiebigkeit und die amerikanische Zurückhaltung. Infolge des Mechanismus des circulus vitiosus erschweren diese Tatsachen es wiederum der palästinensischen Zentrale, ihre Gesichtspunkte durchzusetzen, und sie offen und deutlich zu formulieren.

Die Verlegenheit erreichte ihren Höhepunkt bei der spektakulären Initiative des ägyptischen Präsidenten Sadat im November 1977, die durch die katastrophale Wirtschaftslage in Ägypten und die Furcht vor gefährlichen sozialen Bewegungen motiviert wurde. Die Stärke des ägyptischen Nationalgefühls konnte der Suche nach dem raschen Frieden die Unterstützung der Massen sichern. Aber Sadat ging anscheinend zu schnell und zu weit in seiner bedingungslosen, ja sogar herzlichen Anerkennung des jüdischen Staates ohne gesicherte Gegenleistungen. Die Ablehnung jeder Konzession seitens Israel, das seit Mai 1977 von der ultra-nationalistischen Regierung von M. Begin regiert wird, hatte die arabischen Staaten, die am besten für die Initiative von Sadat vorbereitet waren, sowie die Zentrale der PLO nach einigem Zögern dazu geführt, diese Initiative heftig zu verurteilen. Die Amerikaner übten Druck auf Begin aus, um Konzessionen zu erzwingen, die zum großen Teil auf einen späteren Zeitpunkt verschoben wurden. Auf diese Weise konnte Sadat im September 1978 in Camp David noch weiter gehen auf dem Weg zu einem Separatfrieden mit Israel, der durch einen Rahmenvertrag mit einigen skizzierten Richtlinien für einen globalen Frieden legitimiert wurde.

Als Reaktion auf die Initiative vom November 1977 hat eine Front der Entschlossenheit (der zunächst favorisierte Ausdruck »Ablehnungsfront« wurde vermieden) eine bunte Koalition zusammengeführt, die einen Riß in dem sich bildenden Block aufzeigte. Die Verträge von Camp David haben diese Koalition ein wenig konsolidiert. Doch sie ist heterogen, was eine schlechte Voraussetzung für ihre Dauerhaftigkeit ist. Trotz ihrer Proklamationen werden sich einige Mitglieder nie damit abfinden, auf die Allianz mit den Amerikanern zu verzichten. Die sowjetische Unterstützung wurde erworben, die Zahl derjenigen, die sich in diese Richtung wenden, wird sich vielleicht erhöhen, aber die praktische Durchführung dieser Politik kann Schwierigkeiten und Kehrtwendungen nach sich ziehen. Es bleibt bei einer latenten Spaltung zwischen denjenigen, die einen Kompromißfrieden mit besseren Bedingungen als den von Sadat erreichten suchen (diese Bedingungen wiederum sind von Fall zu Fall unterschiedlich) – dies ist die Ansicht von Moskau –, und den Anhängern (mögen sie aufrichtig sein oder nicht) eines bis zum Ende geführten revolutionären Kampfes. Viele verhalten sich abwartend.

Auf jeden Fall fällt es einem schwer, Saudi-Arabien (gefolgt von den Golf-Staaten und Jordanien) den Palästinensern zuliebe auf sein großes Projekt verzichten zu sehen sowie auf seine wirksamen Druckmittel, dies durchzusetzen; Saudi-Arabien setzt alles daran, mit Hilfe amerikanischen Drucks von Israel überzeugendere Konzessionen für die arabische Öffentlichkeit zu erhalten. Nur eine Revolution in Riad könnte diese Einstellung ändern.

Unter diesen Bedingungen sind die Ziele der letzten Jahrzehnte nie aufgegeben worden. In breiten Schichten der Gesellschaft lebt der Aufstand gegen die alten und neuen Bourgeoisien fort und zumindest das Mißtrauen gegenüber der kapitalistischen Welt, die diese zu unterstützen scheint. Dieser Kurs wird stets durch die soziale Unzufriedenheit und die langlebige palästinensische Wunde verstärkt. Sie gewinnen in dem Maße an Oberhand, in dem sich die konservativen Regime unfähig zeigen, diese Wunde zu heilen, und in dem die israelische Unnachgiebigkeit und die amerikanische Gefälligkeit ihnen gegenüber zum Ausdruck gebracht wird.

Einige der vorhandenen Regime und ihre Ideologien – mögen sie aufrichtig oder zynisch sein – versuchen wohl, die verborgene revolutionäre Gewalt in ihren Dienst zu stellen und die Vorteile des revolutonären Elans für den Aufbau eines neuen Pols der Weltmacht zu nutzen. Sie wurde interpretiert als eine im Gang befindliche Revolution gegen die kapitalistische Welt oder die Industriegesellschaft, als Vergeltung gegen Europa von seiten einer Vorhut der Paria-Völker der Dritten Welt. Dieser zusammenhanglose Synkretismus konnte einen gewissen Erfolg verbuchen. Aber auch die Benachteiligten des neuen Systems nehmen die revolutionären Kräfte ernst, was für dieses gefährlich ist.

Die europäisch-amerikanische Welt bleibt beunruhigt sowohl durch den Aufbau einer arabischen, in der Zukunft vielleicht wettbewerbsfähigen Macht, die auf finanziellem Sektor bereits den Ton angibt, als auch durch die Möglichkeit der Auseinandersetzung. Das revolutionäre Image des Arabismus hält sich aufrecht aufgrund der langlebigen Erinnerung an die spektakulären Gesten der Herausforderung in der jüngsten Vergangenheit, aufgrund der angewandten Druckmittel, um wichtige Konzessionen zu erhalten, aufgrund der andauernden Feindseligkeit gegenüber Israel, der terroristischen Methoden der palästinensischen Bewegung und ihrer Verbündeten, aufgrund der sporadischen Aufstände arabischer verelendeter Massen, der Anwesenheit zahlreicher subproletarischer Araber innerhalb der Industrienationen und aufgrund der Allianzen sowie Allianzdrohungen mit der UdSSR. Der Islam behält ein Stigma für die Europäer und die Amerikaner, für die Dritte Welt und die revolutionären Kräfte das Prestige, der tapfere Feind des Christentums zu sein, das mit der europäischen Kultur verbunden ist. Die iranisch-islamische Revolution von 1978/1979 hat diese Ansicht nur bestärkt.

Von hier kamen die manchmal unerwarteten Anschlüsse sowohl an den Islam als auch an den Arabismus. Nach Somalia trat die neue Republik von Djibouti (wo die Araber nicht sehr zahlreich sind) der Arabischen Liga bei (September 1977). Die Komoren, die wohl islamisch sind, bei denen aber das arabische Element, das damals bedeutend war, in einer ethnischen Mischung mit der Swahili-Sprache untergegangen ist, beantragten ebenfalls die Mitgliedschaft (Juli 1977), ohne sie bis jetzt erhalten zu haben.

Es gibt latente Konflikte zwischen dem arabischen Block und den Staaten oder Staatengruppen, die eine ähnliche Rolle anstreben (an erster Stelle der Iran), sowie mit Staaten oder Völkern, die sie an der Ausbreitung ihrer Macht hindern könnten. Gemäß der gewählten Ausrichtung im System der Weltmächte werden diese Konflikte entweder unter den Scheffel gestellt oder im Gegenteil hervorgehoben.

## *Kapitel 4*

# Chancen und Widrigkeiten der arabischen Welt

Welche Rolle kann die arabische Welt in der Welt von heute spielen? Welche Chancen hat sie für morgen? Die Antwort auf diese Fragen hängt natürlich zum großen Teil von einer Vorfrage ab: Inwieweit wird sich die arabische Welt vereinigen, oder wird sie stets uneinig bleiben?

## Faktoren der Einheit und Faktoren der Differenzierung

Wie wir gesehen haben, strebt die arabistische Ideologie die Einheit an. Andererseits aber weist die Tagespolitik in jedem Moment tiefe Spaltungen auf. Was sind die Gründe dieser entgegengesetzten Strömungen?

Wenn die Ideologie des Arabismus sich die arabische Einheit als Ziel gesetzt hat, und wenn diese Version soviel begeisterte Zustimmung erhielt, so geschieht dies nicht ohne tiefe Gründe. Der augenscheinlichste Einheitsfaktor ist die Einheit der geschriebenen Sprache, der einzigen Kultursprache, des klassischen Arabisch. Auch die Geschichte der arabischen Länder war eine gemeinsame Geschichte, vor allem in den Anfängen. Die Ritteranekdoten über die vorislamischen Araber, der im Strahlenglanz der Heiligkeit erscheinende Islam in Arabien, die heroischen Taten der Eroberer sowie der Prunk der Reiche von Damaskus und

Bagdad bildeten einen Schatz von Erinnerungen, den die Araber durch die Jahrhunderte hindurch hochschätzen. Im allgemeinen waren sie mit den gleichen Feinden konfrontiert, den Kreuzfahrern und Mongolen im Mittelalter, den europäischen Imperialismen in der modernen Zeit, und sie haben die gleichen mehrdeutigen Beziehungen zu den Türken gehabt. Schließlich besitzen sie eine teilweise gemeinsame Kultur. Sie setzt die Tradition der mittelalterlichen islamischen Kultur fort, deren Sprache (wenigstens die intellektuelle Sprache) arabisch war und die oft im Zusammenhang mit diesem sprachlichen Faktor als eine Entwicklung der vorislamischen arabischen Kultur und der Anfänge des Islam aufgefaßt wurde, die mit zahlreichen, vor allem persischen Lehnwörtern angereichert ist.

Von dieser gemeinsamen Kultur sind noch viele Elemente lebendig, gegenwärtig und wirksam. Wohl mag die arabische klassische Literatur des Mittelalters, die in der Schule gelehrt wird, keine große Anziehungskraft mehr für moderne Leser haben. Sie wird viel mehr respektiert als gelesen, doch sie bleibt nicht weniger ein Stilmodell und ein Vermittler kultureller Grundwerte: moralischer, ästhetischer Werte usw. Trotz allem dienen einzelne Elemente, die am einfachsten zu verstehen sind, sowie zahlreiche Anekdoten und Sprüche, durch die sie illustriert wurden, als Beleg. Die Volksliteratur des Mittelalters (ritterliche Heldenlieder, Erzählungen vom Typ *Tausendundeine Nacht*), von den Gelehrten damals und auch heute noch tief verachtet, bleibt zugänglich und wird viel lieber gelesen. Die moderne arabische Literatur, die im 19. Jahrhundert entstand, ist lesbarer. Sie vermittelt die Ideen der kulturell fortgeschrittensten Kreise.

Das klassische Arabisch ist nicht nur die gemeinsame Literatursprache. Es erlaubt auch (dank der Vereinfachungen und oft dank der eingegangenen Kompromisse mit den Dialekten) die Verständigung untereinander und die gegenseitige Kommunikation. Araber verschiedener Dialekte können sich in dieser Sprache vollständig verständigen und verfassen gemeinsam Texte. Man benutzt sie bei Reden, im Rundfunk und teilweise im Kino und im Theater.

Schließlich ist eine ganze Ebene des sozialen Lebens, zahlreiche Elemente der alltäglichen Kultur (hier im anthropologischen Sinn), der Sitten und der kollektiven Mentalität zum Teil gemeinsam. Es gibt hier ein ganzes Universum, das sehr schwer zu erforschen ist und das eine vertiefte und gründliche Untersuchung erfordert, um objektive Kriterien zu entwickeln. Zur Zeit wird diese noch kaum vorhandene Untersuchung durch arabische und nichtarabische literarische Entwicklungen ersetzt, die manchmal interessante Intuitionen beinhalten und Weitsichtigkeit sowie psychologisches Einfühlungsvermögen aufweisen, doch ohne Verifizierungsprozeß bleiben, den eine wissenschaftliche Einstellung verlangt. Wir hüten uns hier (der Platz erlaubt es auch nicht), uns zu weit auf diesem heiklen Gebiet vorzuwagen (siehe dazu jedoch Kapitel 5). Wir begnügen uns damit festzustellen, daß ein Teil der betreffenden Elemente, die aus der mittelalterlichen islamischen Zivilisation oder ihren gemeinsamen Wurzeln stammen, auch bei den nichtarabischen islamischen Völkern und manchmal sogar bei den nichtislamischen Völkern anzutreffen ist.[27] Sie können darum nicht als spezifisch arabisch betrachtet werden.

Angesichts dieser Faktoren der Einheit sind die Faktoren der Differenzierung nicht weniger eklatant. Die verschiedenen arabisierten Länder bilden jetzt eigene wirtschaftliche Regionen mit allen Folgen, die dies nach sich zieht. Eine politische Einheit entspricht manchmal im großen und ganzen einer geographischen und zumindest potentiellen wirtschaftlichen Einheit (Marokko, Tunesien, Ägypten). Doch manchmal stimmt die politische Einheit nicht mit einer genau begrenzten geographischen Einheit überein, und es gelingt ihr schwerlich, eine wirtschaftliche Einheit zu bilden. Jedoch können politische Grenzen heutzutage eine Zone eingrenzen, in der die Wirtschaftsnetze eine bestimmte eigene Einheit begründen, wo sich gemeinsame Reaktionen, Ziele und Interessen herausbilden.

Die im alltäglichen Leben gesprochene Sprache ist unterschiedlich. Unzählige Variationen kennzeichnen die Sprache jedes Dorfes, jedes Stammes, jeder Stadt und oft sogar jedes Viertels. Diese Variationen sind im Grunde unbeträchtlich, aber sie häufen sich und bilden in ihrer Gesamtheit für jede Gegend eine Reihe von Dialekten, die die modernen Bedingungen zu vereinen versuchen.[28] Der Unterschied zwischen den Dialekten der Seßhaften und der Nomaden, der Städter und der Landbewohner der gleichen Region ist oft größer als der zwischen den regionalen Dialekten. Die Verständigung ist im allgemeinen in dem Maße schwieriger, je weiter die Dialekte geographisch und sozial voneinander entfernt sind. Doch zielt der Prozeß des modernen Lebens – wie wir gleich sehen werden – darauf ab, diese Mundarten einander anzunähern.

Die Sitten, die Praktiken des alltäglichen Lebens und die Mentalitäten unterscheiden sich mehr oder weniger je nach Regionen, wie sie sich auch je nach Lebensweise und Zugehörigkeit zu sozialen Klassen oder religiösen Gemeinschaften unterscheiden. Jede Praxis hat ihre Grenze, die sich von anderen unterscheidet, und sie hat in bezug auf eine bestimmte Anzahl von Merkmalen auch Deckungsgleichheit. Ebenso hat jede Region eine bestimmte Geschichte, vor und nach dem Islam, vor und nach der Arabisierung. Sie hat unterschiedliche Grundlagen: berberische und lateinische im Maghreb, pharaonische und koptische in Ägypten, aramäische im Fruchtbaren Halbmond usw. Diese verschiedenen Grundlagen bewirken oft sehr spürbare Unterschiede.

Die modernen Verhältnisse und Bedingungen scheinen die Einheitsfaktoren besonders zu begünstigen. Die Presse und das Buch mit ihrer weiten Verbreitung, Rundfunk, Fernsehen und Kino sowie die verbesserten Reisemöglichkeiten erlauben den Arabern entfernter Gegenden, sich untereinander besser kennenzulernen. Die Massenerziehung tut das ihre, um eine gewisse Kenntnis der gemeinsamen klassischen Sprache in ihrer modernisierten Form weiter und tiefer zu verbreiten. Man kennt sogar die Dialekte der anderen besser. Zum Beispiel kennt jeder mindestens die wichtigsten Merkmale des städtischen ägyptischen Dialekts dank der Volkstümlichkeit der ägyptischen Lieder und Filme.

In eine entgegengesetzte Richtung läuft vielleicht die Stärke der bürokratischen und anderen Einrichtungen, mit denen sich jeder moderne Staat umgibt.

Wenn die Grundlagen der arabischen Einheit bestehen, so ergeben sich die Verwirklichung dieser Möglichkeit oder, im Gegenteil, der Fortbestand der aktuellen Spaltung weniger aufgrund tiefliegender Faktoren, sondern vielmehr aus den Machtverhältnissen zwischen den gegenwärtigen Staaten und Bewegungen, aus den von außen kommenden Herausforderungen, die eine geeinte Antwort mehr oder weniger erheischen, kurz aus der geschichtlichen Konstellation. Das gilt allerdings ebenso für politisch geteilte Gebiete mit einer annähernd gemeinsamen Kultur, wie sie Europa, die schwarz-afrikanische Welt und Lateinamerika bilden. Das gleiche war der Fall bei den griechischen Städten im Altertum.

Am wahrscheinlichsten ist ein bestimmtes Maß an Vereinheitlichung auf bestimmten Gebieten sowie mindestens teilweise politische Aufspaltungen mit allen möglichen plötzlichen Umschwüngen, mit partiellen Vereinigungen und zumindest vorübergehenden Abspaltungen.

### *Die Ressourcen*

Die arabische Welt verfügt über sehr bedeutende Ressourcen.

Die gesamten Mitgliedsstaaten der Arabischen Liga erstrecken sich über eine Fläche von ungefähr 14 Millionen Quadratkilometern, das ist etwa das Doppelte der Fläche der Vereinigten Staaten (ohne Alaska und Hawaii). Will man dabei nur die Länder berücksichtigen, deren überwiegender Bevölkerungsanteil – politisch und ethnisch gesehen – der arabischen Ethnie angehört (und folglich Somalia und Djibouti abrechnet [660 000 km$^2$]), so bleibt dennoch eine Fläche von ungefähr 13 350 000 km$^2$.

Die Bodenschätze sind beeindruckend. »Mit nur 3,1% der Weltbevölkerung besitzt [die arabische Welt] ein Drittel der nachgewiesenen Vorräte des Weltphosphats und einen großen Teil der internationalen Ölreserven, ohne die ungeheuren Reserven an Erdgas, Kupfer, Zink, Kohlenerz, Kupfererz und Kalium zu erwähnen.«[29] Hinzu kommt noch das Eisen in Mauretanien und Algerien, das Mangan und Blei in Marokko. Soweit zu den Bodenschätzen. Was Industrie- und Landwirtschaft anbetrifft, so muß man die Baumwolle (lange Fäden) von Ägypten, Syrien und dem Sudan hinzuzählen, das Holz vom Sudan und den Flachs von Ägypten. Die menschlichen Ressourcen sind – wie man weiß – reich und in der augenblicklichen Lage sogar überreich. Aber wenn diese Bevölkerung gemäß einem gut konzipierten Entwicklungsplan mobilisiert wird, kann sie eine ausreichende und nützliche Masse von Arbeitskräften bieten. Die Qualifikationen bestehen, wenn auch in einer unzureichenden Weise, und ein Plan für Berufsbildung kann die Anzahl der mittleren Berufe vermehren, die gegenwärtig besonders unzulänglich sind. Der Inlandsmarkt wäre groß genug, um eine autozentrierte Wirtschaft zu gestatten.

Die Hauptschwäche liegt auf dem Gebiet der Nahrungsmittel. Nur 20 % des Erdbodens sollen in den 15 wichtigsten arabischen Ländern anbaufähig sein gegenüber 47% in den Vereinigten Staaten. Die Tragik ist das fehlende Wasser. Trotz eines gewissen Wachstums der landwirtschaftlichen Produktion durch Ausdehnung der anbaufähigen Ländereien oder durch Verbesserung der Erträge ist die Landwirtschaft in zahlreichen arabischen Ländern weit davon entfernt, die schnell wachsende Nachfrage einer stets wachsenden Bevölkerung zu decken. Man nimmt darum Zuflucht zu massivem Import. Das Klima und die Bodenbeschaffenheit verlangen beträchtliche Investitionen, um sowohl neuen Ackerboden als auch ein Wachstum der Produktion je Bodeneinheit zu erzielen. Daraus ergibt sich eine alarmierende Unsicherheit in bezug auf die Ressourcen an Nahrungsmitteln, eine erwiesene, mehr oder weniger ausgeprägte Unterernährung mit einem Mangel vor allem an tierischen Proteinen.

Diesem Mangel im Agrarwesen könnte begegnet werden, wenn die Bemühungen um die Ausweitung des kultivierten Bodens und des Wachstums der Erträge fortgesetzt werden. Wenn dann immer noch ein Mangel bestünde, so hat die arabische Welt mehr als genügend finanzielle Ressourcen, um die notwendigen Importe von Nahrungsmittelprodukten zu finanzieren. Seitdem das arabische Öl von den Industrienationen zu einem angemesseneren Preis als vor einigen Jahren gekauft wird, stellt die Finanzierung dieser Importe kein Problem mehr dar; das allerdings nur für eine begrenzte Zeit. Wenn man sich in die Lage der Araber hineinversetzt, so würde man es offenbar auch als wichtig erachten, daß sie von den Öleinnahmen profitieren, solange sie noch andauern, um ihre Abhängigkeit von der Außenwelt abzubauen oder zumindest zu verringern und eine ausreichende landwirtschaftliche und industrielle Entwicklung zu sichern, die es ihnen erlaubt, auf die Dauer die Finanzierung ihrer Einkäufe an Nahrungsmitteln oder anderem zu garantieren.

Zu diesem Potential an Ressourcen von Mineralien, Pflanzen und Menschen muß man die geographische Lage hinzufügen, die bemerkenswerte Vorteile bietet. In der Tat hat sie auch zahlreiche Nachteile gehabt, und zweifellos gibt es davon immer noch welche. Die Nähe der Industriegesellschaft Europas, die in der Geschichte einen Hauptfaktor darstellte, ist im positiven wie im negativen Sinne weniger wichtig geworden, als sie es früher war, infolge der Schnelligkeit des Transports. Aber die Lage als Zwischenzone zwischen diesen fortgeschrittenen Ländern und Schwarzafrika einerseits, sowie Iran, Indien und Fernost andererseits als unumgänglichen Umschlagplatz zwischen diesen Regionen ist immer von größter Bedeutung gewesen im Guten wie im Unguten. Aus zahlreichen vitalen Gründen müssen mehrere Länder nachbarschaftliche oder distanzierte Beziehungen mit der arabischen Welt unterhalten, was zumindest ein Spiel gegenseitiger Konzessionen bedingt, aus der eine mehr oder weniger geeinte Führung sehr große Vorteile ziehen könnte. In der gegenwärtigen bipolaren Welt hat die strategische Bedeutung dieser Drehscheibe in den kompetitiven, konfliktgeladenen oder »angespannten« Beziehungen zwischen den Supermächten viele Nachteile mit sich gebracht, aber sie hat sich manchmal sehr gut ausgezahlt.

Man kann die natürlichen Benachteiligungen nicht übersehen, die schwer auf der arabischen Welt lasten. Wir haben bereits diejenigen erwähnt, die die landwirtschaftliche Produktion behindern. Außerdem sind die Mineralien weniger diversifiziert als in anderen großen Regionen oder innerhalb der großen Staaten, die die Welt beherrschen. Doch die systematische Ausbeutung dieses Potentials ist noch lange nicht abgeschlossen. Ein Teil des gegenwärtig unfruchtbaren Bodens war früher bereits fruchtbar; er ist dann besonders infolge politischer und sozialer Umstände wieder zu Wüste geworden. Die modernen Techniken aber – vorausgesetzt, ihre Anwendung durch ausreichende Finanzierungsmöglichkeiten wird gesichert – sollen helfen, den verlorenen Boden wiederzugewinnen und anderen neu zu erwerben.

### *Die Entwicklungsaussichten*

Zur Zeit äußert sich dieses ganze Potential nur sehr schwach in einer Entwicklung, die darauf abzielt, allen Einwohnern dieser Gegend ein angemessenes Lebensniveau zu verschaffen und sie teilnehmen zu lassen an den Vorteilen, den Gewinnen und der Bürde der Macht.

Diese Lage gibt das noch sehr ungenügende Niveau des Industrialisierungsprozesses wieder. Wenn ein gleichmäßiger Fortschritt bei der Wachstumsrate (eine erhöhte Rate übrigens) in den letzten beiden Dekaden verzeichnet werden konnte, so entstand dieser allgemeine Fortschritt aufgrund der Entwicklung der Industrie und des Bergbaus in einer relativ kleinen Anzahl von arabischen Ländern.

Insgesamt ist der gewerbetreibende Sektor sehr schwach. Er stellt sehr wenige ausführbare Produkte her und beschäftigt (wie auch die Ölgewinnung) wenig Arbeitskräfte. Auch trägt er wenig zur Modernisierung anderer Sektoren bei. Seine Erweiterung vollzieht sich langsam und stößt auf zahlreiche Hindernisse. Er schließt vor allem Leichtindustrien ein, die landwirtschaftliches Rohmaterial für den lokalen Gebrauch weiterverarbeiten: Nahrungsmittel, Textilien, Konfektion usw. Außer der Weiterverarbeitung der Gegenstände, die für das Überleben der Bevölkerung unentbehrlich sind, handelt es sich besonders darum, für den Bedarf der privilegierten höheren Klassen zu sorgen.

Die Industrie ist nicht in der Lage, Arbeitsplätze für die zahllose, auf dramatische Weise unterbeschäftigte Landbevölkerung oder die vom Lande stammende Bevölkerung zu beschaffen. Der Prozentsatz der aktiven Arbeitskräfte in bezug auf die erwachsene Bevölkerung ist gering. Die unterentwickelte Landwirtschaft absorbiert einen zu großen Anteil der Bevölkerung. Das Analphabetentum ist sehr verbreitet, und es gibt nicht genügend Facharbeiter. Die Unterentwicklung der Hochschulbildung und Forschung ist ein großer Mangel. Sie bedingt (zusammen mit anderen Faktoren) den *brain drain.* Gemäß den statistischen Angaben der Unesco soll ein Viertel der »emigrierten Gehirne« in der Welt Araber sein. Tausende von hochqualifizierten Personen, die am Wohlstand und Fortschritt ihrer Länder mitwirken könnten, wenn sie angemessen eingesetzt würden, bereichern nun die Ressourcen der entwickelten Länder in diesem Bereich. In bestimmten arabischen Ländern fehlt es hingegen an Arbeitskräften, und man ist gezwungen, Arbeiter aus der nichtarabischen Welt zu importieren (aus der Türkei, Pakistan usw.) während Hunderttausende von Arbeitskräften aus anderen arabischen Ländern nach Europa auswandern.

Es ist sicher statthaft, das europäisch-amerikanisch-sowjetische Modell der Entwicklung durch Industrialisierung abzulehnen, indem man auf die Verzerrungen und Entfremdungen sowie auf erschreckende und katastrophale Folgen hinweist. Aber die Unterentwicklung bewirkt Hunger, Elend, Katastrophen und unzählige Leiden. Den Völkern, die unter ihr leiden, bleibt nichts anderes, als eine Entwicklung anzustreben, die ihnen einen materiellen Wohlstand gewährleistet. Sie verfügen über kein anderes Modell auf diesem Weg als das der Industriegesellschaften. Die Beispiele, die sie vor Augen haben, zeigen ihnen, daß die Industrialisierung gleichzeitig Wohlstand und Stärke verleiht. Sie wissen, daß die Völker, die das Gesetz des Stärkeren nicht erleiden wollen, selber stark werden müssen.

Alle arabischen Länder haben daher den Weg der Industrialisierung gewählt mit den durch den Umfang der vorhandenen Ressourcen auferlegten Einschränkungen. Aber der Umfang der Bemühungen in diesem Sinne und die gewählten Entwicklungsbereiche hängen von natürlichen und sozialen Zwängen ab wie auch von der Wahl der Regierung. Diese Wahl erfolgt aufgrund von innen- und außenpolitischen Optionen. Die Ölmonarchien von Arabien wie auch die Staaten mit vorherrschender Marktwirtschaft haben sich entschieden, ihre Entwicklung im Rahmen des Weltsystems der kapitalistischen Wirtschaft anzusiedeln. Diese Tatsache macht sie strukturell gesehen abhängig von den wirtschaftlichen Entscheidungen, die innerhalb dieses Systems, und zwar innerhalb der höchstentwickelten Länder getroffen werden, und von deren Folgen. Diese Abhängigkeit wird durch spektakuläre Erscheinungen verdeckt und nur teilweise ausgeglichen: die Anwendung von Druckmitteln, die durch den riesigen Umfang der Öleinnahmen möglich ist, und die auf diese Weise erworbenen Stellungen in den Metropolen des Systems.

Bekanntlich kann diese Option ein bedeutendes Wachstum zur Folge haben; doch es tendiert dazu, bestimmte Klassen über Gebühr zu begünstigen, ohne immer dem Elend der breiten Massen zu begegnen. Nur die geringe Bevölkerung der kleinen Ölstaaten des Golfes gestattet bereits eine allgemeinere Verteilung des Wohlstandes. Die alternative Option, die Entwicklung durch ein staatskapitalistisches System, erlaubt (im Prinzip) eine gleichmäßigere Verteilung der Ressourcen, rationaler gelenkte Investitionen und weniger spektakuläre Ungleichheiten. Doch die Begrenztheit der wirtschaftlichen Zonen und das schwache Ausgangsniveau erzwingen eine starke Abhängigkeit vom Ausland. Zunächst hat man vor allem die Hilfe der kommunistischen Staaten gesucht. Der unterstützte Staat kann besser die Abhängigkeit kontrollieren und die Erpressung seitens zahlreicher »wohltätiger« Länder ausgleichen und handhaben, als wenn er dem Druck der privaten, anarchistischen Interessen ausgesetzt ist. Man hat die Möglichkeit eines kontrollierten und beschränkten Rückgriffs der »sozialistischen« Länder auf kapitalistische Firmen entdeckt. Allerdings bleibt insgesamt die Abhängigkeit bestehen.

Auf dieser Entwicklungsstufe zumindest scheint es, daß eine autozentrierte Entwicklung mit vernünftigen und zweckmäßigen Optionen für die Zukunft eine im großen Maß durch den Staat kontrollierte Wirtschaft erfordert, die auch über eine breite territoriale Basis verfügt. Aber kein arabischer Staat hat genügend Raum. Den meisten fehlt es auf dramatische Weise an grundlegenden Ressourcen, die es in einigen anderen Staaten im Überfluß gibt. Die wirtschaftlichen Notwendigkeiten und der ausgeübte Druck für den Wohlstand konvergieren in diesem Fall mit der arabistischen Ideologie. Die Union der »armen« mit den »reichen« Ländern entspricht am besten diesen Forderungen. Ein weit verbreiteter arabisch-ideologischer Mythos behauptet, daß diese Union im wesentlichen durch die Machenschaften des »Imperialismus« verhindert wird. Das ist falsch – trotz der Verantwortung der europäischen Mächte für die Aufteilung des Fruchtbaren Halbmonds im Jahre 1920. In der Tat ist es illusorisch zu glauben, daß die Union verwirklicht werden könnte durch ein freudig dargebrachtes Opfer der erreichten Vorteile auf dem Altar der arabischen Brüderschaft (oder sogar des sozialistischen Internationalismus), durch einen freiwilligen Verzicht auf die Möglichkeiten der politischen Kontrolle der hier und da an der Macht befindlichen Gruppen, durch die freiwillige Auflösung von Interessenverbindungen und regionalen Bestrebungen, die die lokalen Eigentümlichkeiten bedingen. Bestenfalls kann die Ideologie beschränkte Hilfen hervorrufen. Der Druck der Bedürfnisse führt wahrscheinlich zu interarabischen Kämpfen und endet in der zumindest relativen Vorherrschaft eines oder mehrerer arabischer Länder. Je nach der eingeschlagenen Politik wird das daraus resultierende Staatswesen erleben, daß sich entweder in seinem Innern eine allmähliche Angleichung verwirklicht oder aber daß sich die Fermente separatistischer Forderungen entwickeln.

## *Kapitel 5*

# Ist ein Gesamtporträt der Araber möglich?

Ein umfassendes Buch über die Araber sollte idealiter auch eine Analyse beinhalten, in der die allgemeinen Merkmale ihres Lebens und Sozialverhaltens dargestellt werden. Wie wir bereits erwähnt haben, bringt uns der Mangel an wissenschaftlichen Detailstudien auf diesem Gebiet um unentbehrliche Elemente für eine solche Untersuchung. Es fehlt nicht an von Arabern oder anderen verfaßten Werken, die oft tiefsinnig und intelligent sind, in denen die Intuition darum bemüht ist, die Lücken auszufüllen. Der Verfasser hat wenig Neigung und Talent für derartige Ausführungen, die zweifellos manchmal sehr dicht an eine Tatsache herankommen können, aber deren partielle Wahrheit und deren eventueller Glanz den außerordentlich subjektiven und ungewissen Charakter nicht vergessen lassen. Verallgemeinerungen sind schwierig, und man sieht oft sogar westliche Araber auf eine sehr naive Weise ihr eigenes Verhalten auf ihre östlichen Brüder übertragen (oder umgekehrt), wenn sie sie nicht gerade kritisieren. Es lassen sich nur sehr schwer Eigenschaften angeben, die für die Araber insgesamt allgemeine Gültigkeit haben und die auch zugleich für sie spezifisch sind, das heißt, sich nicht bei ihren Nachbarn wiederfinden lassen. Diese Schwierigkeiten in Verbindung mit dem Platzmangel zwangen uns dazu, uns auf einige, manchmal banale Allgemeinheiten zu beschränken, die jedoch weniger anfechtbar sind als die schon erwähnten Schilderungen.[30]

*Die Produktions-, Erwerbs- und Verteilungsstrukturen*

Wie überall spielen diese Strukturen eine wesentliche Rolle, da sie zusammen mit dem Niveau der Produktivität und des erworbenen Reichtums die Institutionen und die Formen des Bewußtseins bestimmen. Diejenigen, die die mittelalterliche islamische Welt organisierten, gestalteten einen Gesellschaftstyp, von dem noch zahlreiche Merkmale fortbestehen.

Die wesentliche Produktion war die Landwirtschaft und die Heranbildung seßhafter Bauern, die Hand in Hand mit der Heranbildung nomadischer Hirten ging. Die elementaren Produktionseinheiten konnten gemeinschaftlich sein (mehr oder weniger gleichgestellte Sippen, Dorfgemeinschaften), wenn auch meistens mit einer privilegierten Oberschicht, wie die kleineren Landbesitzer (die die »Pächter« oder Lohnarbeiter bereits ausbeuten konnten; im allgemeinen wurde ihr Produktionsüberschuß mit Beschlag belegt, entweder durch eine Stammesautokratie, die die herrschenden Sippen anführte, oder durch eine Schicht von Großgrundbesitzern. Die Institution des Privateigentums legitimierte diese Entnahme im allgemeinen, wenn sie nicht von Verträgen herrührte, die schlicht und einfach durch Gewalt diktiert wurden.

Die Oberschicht, die den Staat lenkte, häufte einen beträchtlichen Reichtum an, nicht nur durch die Entnahme des Mehrertrags und Überschusses als Rente, Tribut oder Steuer, sondern auch dank der Beute aus erfolgreichen militärischen Feldzügen und dem Gesamttribut der unterworfenen Bevölkerungen. Dieser Reichtum wurde schließlich noch vermehrt durch die Entnahme von Erzeugnissen aus Industrie- und Landwirtschaftsprodukten der Lohnarbeiter oder Sklaven. Diese Klasse wiederum hielt eine Mittelschicht am Leben, die in den zahlreichen und oft riesigen Städten lebte: Handwerker, Händler, Kaufleute, Beamte, Verwaltungsangestellte, Militärs, Intellektuelle, Künstler, Spaßmacher usw.

In dieser Mittelschicht spielten die Händler eine wichtige Rolle, da sie die Zirkulation der agrar-nomadischen und handwerklichen Produktion, die eine hohe Stufe der Spezialisierung erreicht hatte, aufrechterhielten und garantierten. Sie entwickelten auch auf unermeßliche Weise den »internationalen« Handel und zogen Vorteile aus dem Überschuß, der in außerhalb der islamischen Welt liegenden Zonen produziert wurde. Dabei ist aber nicht sicher, ob die Einnahmen von außen die entscheidende Bedeutung gehabt haben, die ihnen S. Amin[31] zuschreibt. Doch die Klasse der Händler, die auch Vorteile aus dem Kreditwesen zog, gelangte damals in die Reihen der herrschenden Klasse, setzte ihre Werte und kulturellen Normen durch und erwarb oft übrigens Eigentumstitel im Bereich der Landwirtschaft und der Viehherden. Sie organisierte teilweise die Produktion dieses Sektors nach ihren Interessen. Doch sie entwickelte nie – wie die europäische Bourgeoisie – eine bedeutende kapitalistische Produktion im Bereich der Industrie.

Seit dem 11. Jahrhundert wurde sie durch die Vorherrschaft der Militärs (oft ehemalige Sklaven fremden Ursprungs) allmählich auf einen relativ untergeordneten Rang verwiesen. Diese Militärs wurden Grundbesitzer, investierten in Handels- und Industrieunternehmen und organisierten den Staat zu ihren Gunsten.

Der Produktionsüberschuß und der Reichtum, über den die herrschenden Klassen verfügten, verringerte sich schrittweise. Das hatte zahlreiche Gründe, von denen einige noch kaum aufgedeckt sind. Die an der Macht befindlichen Militärs begünstigten eine rasche Eintreibung der Einkünfte auf Kosten von Maßnahmen, die die Handelsbourgeoisie für das organische Wachstum der Produktion und der Handelsprofite hätte treffen können. Die Kriege und Invasionen zerstörten viele der Bewässerungsanlagen in der Landwirtschaft. Die Eroberungen hatten ein Ende; und diejenigen des Osmanischen Reiches kamen den unterworfenen Arabern kaum zugute. Die wichtigsten Handelswege verschoben sich zum Nachteil der arabischen Welt. Die autoritären Organisationen der Zünfte und Gilden, vor allem in der osmanischen Zeit, entmutigten die möglichen Initiativen der Handwerker-Händler.

Es ist notwendig, den regionalen Unterschieden Rechnung zu tragen. Im Maghreb zum Beispiel wurde die herrschende Klasse oft von der Aristokratie der Nomadenstämme gebildet. Ägypten verfügte immer über einen bedeutenden landwirtschaftlichen Überschuß. Und auf der Ebene der Territorien und sogar Distrikte war diese Verschiedenheit noch viel stärker ausgeprägt. Diese Mannigfaltigkeit in der komplexen Schichtung der Strukturen verbietet es, das Wirtschaftssystem der islamischen Welt, der arabischen Welt oder auch einer riesigen Zone in der Epoche des Mittelalters durch ein summarisches Etikett (wie feudale, asiatische, stammesgesellschaftliche Produktionsweise usw.) global zu charakterisieren ebenso wie ihrer Entwicklung ein einfaches dynamisches Gesetz zu unterstellen, wie es viele Marxisten tun wollten, die der Vorsicht von Marx selbst über die vorkapitalistischen Wirtschaftsformen untreu waren.[32]

Der allgemeine Rückgang der Ressourcen behinderte die Aufrechterhaltung der Bewässerungsinfrastruktur und trieb die Führer dazu, die Ausnutzung der Direkterzeuger zu erhöhen, und damit deren potentielle Initiativen zur Verbesserung der Produktionsbedingungen zu untergraben.

Die industrielle Entwicklung brachte Europa seit dem späten Mittelalter durch den relativ niedrigen Preis der Produkte (namentlich der Textilien) in Konkurrenz zum Handwerk der muslimischen Länder. Später verlieh sie Europa eine wirtschaftliche, politische und militärische Macht, durch die sie seit dem 19. Jahrhundert im muslimischen Orient Maßnahmen durchsetzen konnte, die diesen um die Möglichkeit einer autonomen Entwicklung brachten.

Die kapitalistischen Strukturen haben im Orient nur sehr beschränkt Fuß gefaßt. Die Ausnutzung des Überschusses der Landwirtschaft wurde noch völlig mittels vorkapitalistischer Strukturen vorgenommen. Eine Grundbesitzer-Aristokratie hielt ihre Hegemonie durch den Aufkauf von Grundstücken aufrecht, selbst da, wo sich eine Art agrarischer Kapitalismus entfalten konnte. Der Produktionskapitalismus mit dem daraus resultierenden industriellen Proletariat belebt nur einen schmalen Sektor als peripherer Anhang, der von wirtschaftlichen Entscheidungen abhängig ist, die im Weltzentrum dieses Wirtschaftstyps getroffen werden. Die Unterentwicklung hat sich der gesamten Wirtschaftstätigkeit bemächtigt. Der tertiäre Sektor wurde auf eine unangemessene und parasitäre Weise aufgeblasen.

Das Gewicht der Vergangenheit - durch die augenblicklich wirksamen äußeren und inneren Kräfte verstärkt - macht sich besonders bemerkbar durch die immer noch große Bedeutung der Beziehung zwischen Grundbesitzern und Bauern, durch die Vorherrschaft der Stadt im allgemeinen und durch die Fortdauer der Handelstraditionen. Die Bemühungen der »sozialistischen« Staaten haben diese Merkmale nur teilweise zerstört.

### *Die Lebensformen*

Die seit der Vorgeschichte gewählten Lebensformen hängen zum großen Teil von den natürlichen Bedingungen und dem erreichten Produktivitätsniveau ab. Doch später bestimmen die Dynamik der sozialen Strukturen und die politischen Verhältnisse die jeweilige Entwicklung und Bedeutung.

Heutzutage ist das im allgemeinen nomadische Hirtenleben, das vor dem Islam die vorherrschende Lebensform der Araber war, bereits im Rückgang und hat das ihm lange Zeit anhaftende aristokratische Prestige verloren. Dennoch stellt die Evokation seiner Blütezeit immer noch die Beschwörung eines idealen Modelles dar. Seßhafte Dorfbewohner und Landbewohner, die sich der Landwirtschaft widmen, herrschen zahlenmäßig vor, genießen aber wenig Ansehen. Die Stadtbewohner stehen an der Spitze der Prestigeskala, aber die Metropolen der Industriezivilisation mit den riesigen Blöcken zahlreicher anonymer Wohnzellen, die von Schnellstraßen durchkreuzt werden und von Barackenvierteln umgeben sind, verdrängen überall die traditionelle *madīna* (Stadt), über die wir noch einiges sagen werden.

### *Die soziale Grundeinheit*

Die Familie, Grundbestandteil aller sozialen Beziehungen, ist überall in der Form der Großfamilie oder der erweiterten Familie agnatischen oder patriarchalischen Typs vorzufinden. Um den Vater, ihren Chef, gruppieren sich als wirtschaftliche Einheit seine männlichen Nachkommen, ihre Frauen sowie die Nachkommenschaft, die mehrere Kernfamilien bilden, welche alle zusammenleben. Die Tendenz zur Endogamie ist stark.

Die Nachfolge definiert sich durch die männlichen Nachkommen, und die Frau läßt sich in der Familie ihres Mannes nieder. Diese Familienstruktur mit männlicher Vorherrschaft, die von der Unterwerfung und Einsperrung der Frauen (mit Racheakten in der Praxis) begleitet wird, ist ein bereits lange vor dem Islam fest verwurzeltes Merkmal dieser Gegend, einschließlich der heute christlichen Völker im Norden des Mittelmeeres. Doch die muslimischen Völker haben diese Praxis sakralisiert, indem sie sie mit dem Islam in Verbindung brachten, womit sie oft die Vorschriften des Koran überschritten. All diese Merkmale sind jedoch nicht konstant bei allen arabisierten Völkern, zum Beispiel nicht bei allen Berbern und anscheinend nicht einmal bei allen arabischen Stämmen vor dem Islam, wo Frauen regiert haben[33] und wo bestimmte Tatsachen von einigen Autoren als Spuren eines »Matriarchats« gedeutet wurden.

Die modernen Verhältnisse unterhöhlen die Großfamilie zugunsten der Kernfamilie, der Autonomie des Individuums und der positiven Rolle der Frau. Die beiden Geschlechter, die damals außerhalb des Hauses streng voneinander getrennt waren, beginnen schon, sich ein wenig zu mischen. Aber dieser Vorgang ist noch höchst ungleich und insgesamt sehr wenig vorangeschritten.

### *Die elementaren globalen Gesellschaften*

Der Stamm und das Dorf, mehr oder weniger auch die Stadt oder das Viertel, sind elementare Einheiten, die Männer und Frauen zu einer Gemeinschaft sozialen Lebens zusammenführen und die die Gruppen, die sich einer bestimmten Funktion widmen, überschreiten.

Die Einheiten unterschiedlicher Dimensionen, die unter dem Namen Stamm, Sippe oder Fraktion fungieren, bringen ihre globalen Strukturen durch Verwandtschaftsverhältnisse begrifflich zum Audruck, indem sie sich von gemeinsamen reellen oder fingierten Vorfahren ableiten, sich untereinander für Verwandte halten und sich wie Segmente trennen oder vereinigen. Die Gruppe setzt sich zunächst aus Verwandten zusammen, denen sich die »Anhängerschaft« und Abhängige anschließen können. Diese Einheiten, die in ihrer reinsten Form bei den nomadischen Hirten auftreten, schließen in bestimmten Gegenden auch die Bauern und manchmal sogar die Stadtbewohner mit ein. Die Hirtenstämme verzichten nur ungern auf die Städte, namentlich in ihrer Funktion als Marktplätze.

Auf dem Land sind verstreute Siedlungsgebiete selten. Das Dorf ist ein zur Autarkie neigender Mikrokosmos. Der Staat kümmerte sich nur um das Dorf, um es auszunutzen; gegenwärtig versucht man, allerdings ohne großen Erfolg, es einzubeziehen. Die Dorfstruktur besteht weiterhin, manchmal mit einer Teilung in zwei rivalisierende Fraktionen und einem mehr oder weniger geheimen Chef, den die Regierung zu ihrem offiziellen Vertreter bestimmt.

Die Stadt spielte und spielt immer noch eine bedeutende Rolle, ohne jedoch eine autonome politische Einheit zu bilden wie die griechische Stadt oder die westliche mittelalterliche Kommune. Die klassische muslimische Stadt hat als wesentliche Bestandteile die große Moschee, in der sich die Gläubigen am Freitag zum gemeinsamen Gebet treffen, eine soziale, politische und gleichzeitig religiöse Manifestation, das *hammām*, das öffentliche Bad, das die antiken Thermen aus dem Altertum fortsetzt, und den Markt (*sūq*), der den Austausch der lokalen Handwerkererzeugnisse mit den umliegenden Ortschaften und den anderen Städten sichert.

Als Kommunikationszentrum, Mittelpunkt kultureller Ausstrahlung und wesentlicher Knotenpunkt eines Verteilungsnetzes schließt die traditionelle Stadt auch mehrere Viertel ein, die wie sie selbst in Mauern eingeschlossen sind, ihre eigene Verwaltung haben und Menschen des gleichen ethnischen oder geographischen Ursprungs oder der gleichen Religionsgemeinschaft zusammenfassen. Diese Viertel versinnbildlichen noch mehr als die Stadt die elementaren globalen Einheiten. Die Einheit der Stadt war wiederum durch gemischte Viertel und gemeinsame Organe gesichert wie: den Hauptsūq, den *muḥtasib*, der gleichzeitig Vorsteher der Händler und Sittenrichter ist, durch die Körperschaften und religiösen Bruderschaften, den Regierungsbeauftragten und den muslimischen Richter, den *qāḍī*. Die moderne Stadt aber, die zuerst noch neben der traditionellen Stadt existierte, hat diese allmählich verdrängt, indem sie sie assimilierte und umwandelte.

### *Die umfassenden Einheiten*

All diese elementaren Einheiten sind seit Anbruch der Geschichte in mehr oder weniger enge Beziehungen zu den mit ihnen entsprechenden Einheiten getreten. Diese Beziehungen, die durch die Wahrnehmung einer kulturellen und sprachlichen Einheit begünstigt sowie von Mythen gemeinsamen Ursprungs und alten Kultformen ideologisiert wurden und die ein Minimum gemeinsamer Institutionen besaßen, sind von den Staaten kanalisiert oder überschritten worden durch Druckausübung oder Hegemonie eines Elementes. Die einigende Rolle der Sprach- und Kulturgemeinschaft wurde in der Zeit der Weltreligionen teilweise durch die Glaubensgemeinschaft ersetzt. Der Staat hat dieses ideologische Bindemittel institutionalisiert, indem er den Pluralismus der Konfessionen und die Hegemonie einer von ihnen duldete.

Vor dem Islam waren die seltenen arabischen Staatsgebilde, die die ungestüme Unabhängigkeit der Stämme vorübergehend ein wenig beschränken konnten, hauptsächlich in den peripheren Gebieten, aber auch die tatsächlichen südarabischen Staaten »Königreiche« (*mulk*), d.h. vor allem politische Strukturen, auch wenn ein Zentralkult sie mit einem zusätzlichen ideologischen Bindemittel ausstatten konnte. Das betrifft gleichermaßen die großen Nachbarstaaten, deren Territorien die islamisierten Araber besetzten und von denen sie viele ihrer Institutionen übernahmen; das persische Sassanidenreich sowie das Byzantinische Reich. Trotz ihrer Staatsreligion (Mazdaismus, Christentum) und der ab und zu aufflackernden Unduldsamkeit, ließen sie die Existenz anderer Religionsgemeinschaften zu, die sogar ein beträchtlich Maß von Autonomie besaßen. Ihre herrschenden »Kirchen« selbst hatten ihre eigene Struktur parallel zu der des Staates, ohne sich mit ihm zu identifizieren.

Die Entwicklung des ursprünglichen muslimischen Kerns in einer Stammesgesellschaft ohne Staat veranlaßte Muhammad dazu, eine politisch-religiöse Gemeinschaft zu gründen, deren Zugehörigkeitskriterium der Glaube war, die aber die Gläubigen mit einer politischen Struktur umgab. Die komplexen Beziehungen dieses neuen Strukturierungsprinzips mit den vorausgegangenen politischen Strukturen bedingen die ganze weitere Entwicklung. Die »Nachfolger« oder »Statthalter« (*khalîfa*, Kalif) des Propheten waren im Prinzip zugleich Führer der muslimischen Gemeinschaft (*amīr al-mu'minīn*, Prinz der Gläubigen) und Anführer des erobernden arabischen Staates, der sich zu Beginn mit ihr identifizierte. Der Staat sollte nach den Gesetzen der muslimischen Gemeinschaft regiert werden, und man beschuldigte die Omajjadendynastie (650-750), diesem Prinzip zuwidergehandelt und das Kalifat (*khilāfa*) in ein »Königreich« (*mulk*) verwandelt zu haben.

Doch viele byzantinische und sassanidische Institutionen setzten sich in der Praxis fort, und der Islam selbst sah die Koexistenz mit anderen monotheistischen Religionen vor, mit dem Christentum und dem Judentum, von denen man annahm, daß sie auf eine mehr oder weniger entstellte Weise im Besitz der wesentlichen Grundwahrheiten seien. Sie behielten eine weitgehende Autonomie unter der Herrschaft des muslimischen Staates. Aufgrund der raschen Aufsplitterung dieses Staates entstanden Regionalstaaten, die insofern konfessionslos waren, als sie dem Kalifen keine politische Autorität in ihren Gegenden zuerkannten. Die religiösen Schismen schufen auch konkurrierende politisch-religiöse Strukturen.

In der Welt, in der der Islam (*dār al-Islām*, Haus des Islam) inmitten eines gemeinsamen kulturellen Milieus herrschte, waren jede Familie und jede globale elementare Gesellschaft gleichzeitig Bürger eines Staates, der sich auf den Islam berief, und Mitglieder einer vorherrschenden oder untergeordneten religiösen Gemeinschaft, die manchmal sogar mehr oder weniger ungesetzlich war (das war der Fall der andersdenkenden Muslime). Die wesentliche Solidarität der Untertanen (Christen und Juden) gehörte ihrer Religionsgemeinschaft und nicht dem Staat, auch wenn eine Nützlichkeitserwägung und manchmal sogar eine gefühlsbetonte Bindung sie oft mit den Herrschern verband, die geneigt waren, die »Schutzbefohlenen« zu begünstigen – ganz nach ihrem Belieben – als die Wächter der Ordnung, die sie gegen die eifersüchtige Wut der muslimischen Masse verteidigten, die sich anläßlich übertriebener Privilegien der »Ungläubigen« äußerte. Diese »Toleranz« wich manchmal unter dem Druck der Massen oder wegen des übermäßigen Eifers eines Monarchen. Außerdem hatten die Christen die Tendenz, nach den Staaten Ausschau zu halten, in denen sie herrschten (nach Europa, Byzanz), oder dahin, wo sie einen starken Einfluß hatten (Mongolen), ebenso wie die als abtrünnig beurteilten Muslime. Die Juden profitierten von dieser Toleranz, solange sie dauerte, sie nahmen ihre in der christlichen Welt verfolgten Glaubensbrüder auf, doch sie konnten sich einem Staat nicht wirklich verbunden fühlen, der dazu fähig war, die Schikanen ihnen gegenüber zu verstärken.

Der »orthodoxe« Muslim hielt die Redlichkeit und Treue dem Staat gegenüber für seine Pflicht, vorausgesetzt, dieser Staat weist sich als die legitime politische Organisation der Gemeinschaft aus und fügt sich den vom religiösen Gesetz auferlegten Normen. Andernfalls handelte es sich um »Unterdrückung« (*zulm, dulm*), die den Aufstand rechtfertigen konnte. Die Staatstreue bezog sich also vielmehr auf den idealen als auf den tatsächlichen Staat, doch es existierte auch kein auswärtiger Bezugspunkt, außer eventuell für die »Häretiker«.

Die Beliebtheit des europäischen Modells des Nationalstaates im 19. Jahrhundert erschütterte allmählich, aber nur teilweise, diese traditionellen Beziehungen zwischen Staat und Konfessionen. Zuerst strebte das Osmanische Reich (das zu der Zeit die meisten arabischen Länder einschloß) nach einigem Zögern und einigen Regressionen dieses Modell an und bemühte sich damals sehr um die Überwindung der konfessionellen Spaltung im Vorderen Orient.[34] Doch durch seinen pluri-ethnischen Charakter und die tatsächliche Vorherrschaft des türkischen Elements wurde es diesem

Ideal untreu. Im Maghreb und in Arabien verursachte das Nichtvorhandensein von Christen eine Identifizierung der muslimischen Religion mit der arabischen Ethnie. Das Arabertum der arabophonen Juden dieser Gegend wurde im Maghreb wegen ihres Anschlusses an die französische Kulturgemeinschaft in Frage gestellt, vor allem in Algerien durch das Dekret von Cremieux, das diese überall als Franzosen naturalisierte aufgrund ihrer Forderungen nach einer eigenen Staatsangehörigkeit, die von der zionistischen Bewegung in ihrem Namen formuliert wurde.

Man sieht die Grenzen der Entwicklung auf dem Weg zur Befreiung der arabischen Staaten von jeglicher religiösen Bezugnahme. Das politische und juristische Gewicht der konfessionellen Strukturen blieb nach 1920 noch besonders stark ausgeprägt im Libanon und in Palästina, wo sie infolge des politischen Spiels fremder Mächte (Franzosen und Briten) als Verteidigungsmechanismen der christlichen Gemeinschaften sowie der Schiiten und Drusen institutionalisiert wurden, da diese die Rückkehr in ihre traditionelle Unterordnung unter eine muslimisch-sunnitische Gemeinschaft fürchteten, deren voller Beitritt zu den laizistischen Prinzipien ihnen fraglich erschien, und schließlich auch wegen der Folgen des zionistischen Projekts.

Die arabischen Staaten sind heutzutage nur teilweise Nationalstaaten. Sicherlich mobilisieren sie zugunsten dieser Struktur die Gefühle eines »regionalen« Patriotismus, die manchmal sehr tief verwurzelt sind (wie beispielsweise in Ägypten, Marokko usw.), sowie die Interessennetze und die eigenen Ziele, die jeder Staat hervorbringt. Doch die arabistische Ideologie verkündet, daß der einzige völlig legitime Nationalstaat derjenige sei, der die gesamte Ethnie einschließe. Die Stärke der konfessionellen Zugehörigkeit, die Klasseninteressen und ihre jeweiligen Ziele, die Weltideologien und die Stammesstrukturen, wo sie noch bestehen, und eventuell die nichtarabischen Eigenschaften der Minoritäten (vor allem ihre Sprache), treten zu dem Gefühl des provisorischen Charakters des gegenwärtigen Staates hinzu, um das Loyalitätsgefühl ihm gegenüber zu schwächen.

### *Das Bewußtsein der sozialen Schichtung*

Jeder Nationalismus zielt darauf ab, die Bedeutung der Klassenspaltung zu bagatellisieren. Der arabische Nationalismus wurde darin von der muslimischen Ideologie unterstützt, wonach die Gemeinschaft der Gläubigen die Gleichheit in ihren Reihen verwirklicht.

Wie wir jedoch gesehen haben, kann man die Existenz hierarchisierter sozialer Schichten (die sicherlich von den Klassen der Industriegesellschaft unterschieden sind) in den muslimischen Gesellschaften des Mittelalters nicht übersehen. Man war sich ihrer Existens bewußt, der Ausdruck »Klasse« (*tabaqa*) war bekannt, und einige mittelalterliche Autoren haben versucht, ihn genau zu definieren.[35]

Diejenigen, die diesen Klassen angehörten, ordneten im allgemeinen das Bewußtsein dieser Zugehörigkeit – übrigens ein schwankendes und wenig ideologisiertes Bewußtsein – den konfessionellen Ideologien unter, den Ideologien der religiösen Gemeinschaften, die mehrere Klassen vereinigten. Das Ideal war die harmonische, ausgewogene Koexistenz der Klassen, die – vor allem im Falle des Islam – die strikte Anwendung des Gesetzes verwirklichen sollte. Während des Unabhängigkeitskampfes wurde dieses Ideal durch das Ideal der Nation abgelöst, deren Freiheit allein, mit allen Tugenden versehen, zum gleichen Resultat führen sollte.

Die begrenzte Industrialisierung und die Unabhängigkeit ließen ein wirklich ideologisiertes Klassenbewußtsein aufkommen, das allmählich vorzuherrschen begann. Doch dieser Prozeß wurde bereits zu Anfang durch das Bestehen bestimmter noch nicht befriedigter nationaler Ziele (Wirtschaftsautonomie, Irredentismus) gebremst sowie durch die Aufrechterhaltung und sogar Wiederbelebung der Ideologien von Religionsgemeinschaften (besonders im Libanon) unter dem gleichzeitigen Einfluß der Klassenfaktoren (partielle Koinzidenz der Spaltungen innerhalb der Religionsgemeinschaften sowie innerhalb der Klassen) und nationaler Faktoren (reelle oder vermeintliche Übereinkommen bestimmter Religionsgemeinschaften mit dem Ausland in der Vergangenheit und manchmal in der Gegenwart).

Die gegenwärtige Lage, die man für vorübergehend halten kann, ist folglich eine Koexistenz und ein komplexes Ineinander der Ideologien der Klassen, der Religionsgemeinschaften sowie nationaler Ideologien. Der nationalistische »Sozialismus«, auf den sich viele arabische Staaten berufen, schafft eine zum Teil neue Klasseneinteilung, doch die Staatsideologie weigert sich, diese Tatsache anzuerkennen. Man gelangt so zur Verdrängung des auftauchenden Klassenbewußtseins. Doch die Klasseneinteilung besteht heute so gut wie gestern, ohne allerdings sehr spezifisch zu sein, und es wird sicher nicht ausbleiben, daß sie ihre üblichen Wirkungen hat.

### *Wissen und Handhabung der Welt*

Bei den Arabern des Mittelalters findet man die üblichen Wissens- und Handlungssysteme wie in allen Gesellschaften gleichen Niveaus: Technik und empirische Wissenschaft, theoretische und okkulte Wissenschaften, Philosophie und rationale Theologie (*kalām*). Auf den ersten Blick läßt sich keine wirklich spezifisch arabische Eigentümlichkeit nachweisen, außer in den Wissenschaften, die mit der Analyse des muslimischen ideologischen Korpus verbunden sind (Koran, Tradition des Propheten usw.), welches in arabischer Sprache abgefaßt ist, sowie ihrer sprachlichen Grundlage. Sie wurden allerdings zum großen Teil von Spezialisten aus anderen Stämmen entwickelt, deren Alltagssprache nicht das Arabische war.

Wissenschaft und Philosophie haben auf oft originelle und glänzende Weise vor allem die Ergebnisse und Begriffe des griechischen Denkens entwickelt, was den wichtigen Beiträgen von Persien und Indien keinen Abbruch tat. Auch heute noch werden die wissenschaftlichen und technischen Kenntnisse der europäisch-amerikanischen Welt, die objektiv am weitesten fortgeschritten ist, übernommen und assimiliert. Die Entwicklungen, die sie in der arabischen Welt erfahren, gehen in die universale Strömung des wissenschaftlichen und technischen Fortschritts ein. Das Erbe des muslimischen Mittelalters, das Europa damals teilweise als Vorbild diente, hat heute seine Gültigkeit verloren. Es bestehen nur noch Spuren davon in bestimmten volkstümlichen Praktiken und Formulierungen und bei einigen besonders altertümelnden Religionsgelehrten.

## *Das ideologische Bewußtsein*

Die Darstellung der materiellen Welt zielt bei den Arabern darauf hin, sich dem Zeitgeist anzupassen und sich danach zu richten, was die Entwicklung von Wissenschaft und Technik verbreitet hat. Die Darstellung der sozio-kulturellen Welt hingegen und ihrer Zukunftsperspektiven ist spezifischer und differenzierter.

Große Ideensysteme organisieren sie mehr oder weniger und orientieren sie im Zusammenhang mit höchsten transzendenten Werten, die die völlige Unterwerfung der Individuen verlangen, und welche die gewünschten globalen Ziele bestimmen. Sie kanalisieren die spontanen Interessen und Ziele, die aus konkreten Situationen hervorgehen.

Wenn man von den minoritären religiösen Ideologien einmal absieht, so fällt einem zuerst die gegenwärtige muslimische Ideologie auf, die sich allein auf ein gut definiertes Korpus von Ideen und Praktiken stützt. Dieses Korpus, das sehr verehrt wird, ist der Bezugspunkt, auch wenn ein großer Teil davon unbekannt bleibt. Die allgemeine Anhänglichkeit, die man dem Islam entgegenbringt, ist größer als die, welche man Gott zollt; sie ist Richtschnur und der Stolz, einer Gemeinschaft (*umma*) anzugehören, die sich von der übrigen Welt durch das höhere Lebensideal unterscheidet, wozu sie von einem außergewöhnlichen Menschen, dem Propheten Muhammad, aufgefordert wurde. Wenn auch die einzelnen Dogmen oft unbekannt sind oder völlig ignoriert werden und wenn man auch die Riten sehr ungleich praktiziert, so bleibt doch das Grunddogma Gottes (Allāh) allgemein anerkannt: das Dogma von Allāh, der aus großer Entfernung eine Schöpfung beherrscht, die ihm total unterworfen ist, und der ein ernsthaft moralisches Leben (durch Sanktionen) verlangt. Jedenfalls ist es fast unmöglich, dies mit lauter Stimme zu verneinen.

Der göttliche Ursprung der Inspiration Muhammads ist oft mit Stillschweigen übergangen worden oder zumindestens kaum hervorgehoben worden. Auf jeden Fall wird er als Führer betrachtet, als ein arabischer Superpatriot, der mit beträchtlichen Tugenden ausgestattet ist, als Vereiniger und Lenker der Nation und gleichzeitig als Gründer eines sozialen Systems, das höchst gerecht und harmonisch ist.

Man vermischt allerdings mit der Treue zum Islam, die als eine Art von Konfessionspatriotismus nationalen Typs verstanden wird, die Idee der Zugehörigkeit zu einem System höherer sozialer Werte. Es sind die Werte der traditionellen Welt, die mit ihrem ruhigen und friedlichen Rhythmus idealisiert wird; ein Streben nach Gerechtigkeit und Güte, die durch Festigkeit gemäßigt ist, welche die menschliche Unvollkommenheit erheischt, eine absolute sexuelle Enthaltsamkeit für die Frauen, die bei den Männern wegen des angenommenen unwiderstehlichen Charakters ihrer Triebe in diesem Bereich begrenzt ist usw. Wenn diese Werte in der muslimischen traditionellen Gesellschaft nicht vollständig verwirklicht wurden, was man mit einigem Widerstreben zugibt, so wird die Schuld auf das Unglück der Zeiten geschoben, auf die menschliche Natur und vor allem auf den Verrat der Nicht-Muslime. Zu den Europäern (Kreuzfahrer in der Vergangenheit, Kolonialismus heute) und zu den mongolischen Horden, die von allen Muslimen beschuldigt werden, zählen die Araber ebenfalls die amoralischen Perser hinzu und die Türken als die brutalen Eroberer, obgleich sie auch Muslime sind.

So wurde das wesentliche persönliche Ziel in den Augen des traditionellen Islam – die Suche des Heils in der anderen Welt – zugunsten der zeitlichen globalen Ziele zurückgestellt wie die Verwirklichung einer gerechten Gesellschaft - eine vom Islam auch von Anfang an gestellte Forderung - und die arabische Größe, die damals nur ein praktisches, zeitliches und kein theoretisiertes Ziel war und vom muslimischen Bewußtsein verdrängt wurde.

Wenn die Gesamtheit der Muslime sich gern auf den

Islam bezieht als einer Basis zur Anfechtung der Werte der Industriegesellschaften, die von Unsittlichkeit und dem Verrat der Nation begleitet werden, so verkündet die »Bourgeoisie« (einschließlich der »neuen Klassen« der sogenannten sozialistischen Staaten) die Treue zur muslimischen Ethik, um den Konservatismus zu stützen, während die benachteiligten Massen diese Ethik lieber als eine noch nicht verwirklichte Forderung ansehen und als eine Voraussetzung zum Protest gegen Ungleichheit und Ausbeutung, die sie eigentlich verurteilen sollte.

Die zweite große ideologische Tendenz ist die tatsächliche Religion unserer Zeit, der Nationalismus. Im Gegensatz zum Islam verfügt er nicht über ein grundlegendes Korpus von Texten, das eine Autorität darstellt. Doch einige höchst einfache Ideen, die sich auf sehr verbreitete soziale Verhaltensweisen in der Menschheit gründen, genügen, um das Bewußtsein und Handeln in entscheidender Weise zu orientieren. Dazu gehören die üblichen nationalistischen Mythen, die zur Verherrlichung einer ethnisch-nationalen Gruppe verwendet werden. Die arabische Nation ist »mit einer ewigen Mission« versehen (das sind die Ausdrücke von Michel 'Aflaq, dem christlichen Theoretiker der Ba'th-Partei), sie hat immer das Gute gewollt und ist stets das unschuldige Opfer der Bösartigkeit anderer Völker gewesen. Ihre reellen Großtaten der Vergangenheit (in politischer, militärischer und kultureller Hinsicht) werden in einer oft übertriebenen und ungetrübten Weise verherrlicht. Die gegenwärtigen nationalistischen Auffassungen werden in die Vergangenheit projiziert. Und die wirkliche Verbindung des arabischen Volkes mit dem Islam erlaubt es, ihm einen großen Teil – wenn auch nicht alle Leistungen – der Muslime im allgemeinen und alle geforderten Tugenden gutzuschreiben. Auf diese Weise wird eine besondere Beziehung zur muslimischen Ideologie hergestellt. Desgleichen wird im Zusammenhang mit den verallgemeinernden Ideen vorausgesetzt, daß die Ziele der arabischen Nation für die ganze Menschheit nur nützlich und heilsam sein können. Dieses Postulat kann großartige Wirkungen haben, wenn es die Handlungen orientiert, statt sie a posteriori zu sakralisieren.

Die universalistische Ideologie des Sozialismus ist ebenso weit verbreitet, wie sein Konzept vage ist und sich für zahlreiche Interpretationen eignet. Die Konnotationen dieses Begriffes sind in der Tat ein Streben nach Solidarität und eine Feindseligkeit gegen »nichtverdiente« Privilegien. Er beinhaltet eine Ablehnung der kapitalistischen, europäisch-amerikanischen Welt, mindestens unter dem Aspekt ihrer imperialistischen Übersteigerung, was niemand zurückweisen kann. Man erkennt weithin an, daß die vom Islam gepriesenen Werte, wie diejenigen, die das Volk und die arabische Nation in den Vordergrund stellen, »sozialistisch« sind.

Diese drei ideologischen Tendenzen, die von den Individuen und Gruppen verschieden reflektiert werden, können in einem bewahrenden oder ablehnendem Sinn reformistischen oder revolutionären Typs interpretiert werden. Wenn die Religion und der Nationalismus dazu dienen, die Einheit bei inneren Streitigkeiten zu predigen und die Massen gegen die Fremdherrschaft zu leiten, so können sie auch den Kampf gegen soziale Schichten legitimieren oder gegen Strukturen, von denen man annimmt, daß sie ihren Idealen untreu werden. Das sozialistische Ideal ist natürlich besser geeignet, den Protest zu fördern, aber es kann auch dazu dienen, diesen zu brandmarken in den Staaten, von denen angenommen wird, daß sie auf dem Weg der Verwirklichung ihres Ideals sind.

*Muster alltäglichen Verhaltens*

Die ideologischen Systeme, selbst wenn sie undeutlich definiert werden, schlagen dem Individuum vor, sein alltägliches Leben der Verwirklichung eines globalen Ideals völlig zu unterwerfen: z.B. dem einer harmonischen muslimischen Gesellschaft gemäß der koranischen Vision oder das einer unabhängigen, einigen Nation, einer Gesellschaft, welche die unverdienten Privilegien abschafft. Jeder wählt und bildet sich so eine persönliche Ideologie. Diese zieht aber auch die kaum oder nicht theoretisierten Normen in Betracht, die sich aus der vergangenen oder gegenwärtigen sozialen Praxis herleiten. Auf diese Weise stehen ideale Modelle, die von den Systemen vorgeschlagen werden, miteinander in Konkurrenz: das des Gläubigen, des Patrioten oder des militanten Sozialisten. Sie vereinigen sich miteinander auf eine komplexe und widersprüchliche Weise, die je nach Individuen und Situationen variieren. Sie überlagern die Einflüsterungen und Anregungen, die aus egoistischen Interessen und Bestrebungen herrühren ebenso wie die grundlegenden anthropologischen Antriebe; sie setzen einen eigenen Stil durch, selbst bei den Schritten, die von den Ideen eines Systems inspiriert werden.

Eines dieser Modelle ist vielleicht das Hauptelement, das die gegenwärtige arabische Welt von den vorislamischen Arabern geerbt hat. Es zeichnet ein Persönlichkeitsbild, nach dem man sich ausrichten muß, um einen hohen Platz in der Prestigeskala zu erreichen. Es handelt sich dabei vor allem darum, die »Ehre« (*'ird*) des Individuums oder der kleinen Gruppe zu bewahren. Man konnte behaupten, daß der Kult der Ehre noch mehr als derjenige der Götter die wahre Religion und die wirkliche soziale Bindung im vorislamischen Arabien darstellte.[36] Der Krieg zwischen den sozialen Gruppen war permanent, und die Ehre schloß Stärke sowie materielle oder moralische Macht ein. Sie beinhaltete den Mut, die Fähigkeit und den Willen, die Unabhängigkeit der Gruppe zu verteidigen ebenso wie die Reinheit und Freiheit ihrer Frauen und Schutzbefohlenen, die Bereitschaft, Beleidigungen zu rächen, Weitherzigkeit und Gastfreundschaft. Die Gruppe sollte freudig Krieg führen, viele Söhne und weise Führer mit gemäßigter Machtausübung besitzen, sowie Dichter und begabte Redner, die fähig sind, sich in den verbalen Wettbewerben (*mufākharāt*) auszuzeichnen, wo Stämme und Sippen in der »Lobrede« miteinander wetteiferten. Man mußte dabei den vorausgegangenen Reden »Ehre zollen«, was ein Zeichen von Stärke war. Ehrverlust, Schande und Herabsetzung waren schreckliche Sanktionen.

Dieser arabische Kult der Ehre, der in die Richtung eines rebellischen, hochmütigen und oft anarchistischen Individualismus (oder einer kleinen Gruppe) geht, hielt sich nach dem Islam aufrecht und verbreitete sich sogar noch, wobei er mit ähnlichen Auffassungen bei den arabisierten Völkern konvergierte. Der Prophet hatte zwar versucht, ihn einer anderen Ethik unterzuordnen und das ganze Verhalten in die Richtung ausschließlichen Gottesdienstes und Frömmigkeit zu rationalisieren, die unter anderem die Demut und den Verzicht auf Rache und Machtausübung einschließen.

Dem Islam ist es nicht mehr als dem Christentum oder dem Buddhismus gelungen, seine Ethik bei der bekehrten Bevölkerung völlig durchzusetzen. Die Anwendung dieser Ethik wurde jedoch von einem ganz anderen System ermutigt, das partiell mit ihr konvergierte. Dieses System, das bei den Bauern und Städtern der islamisierten Völker verbreitet war, die seit Jahrtausenden Untertanen despotischer Staaten waren, verherrlichte die Resignation und Unterwerfung unter die etablierte Ordnung. Die historischen muslimischen Staaten brauchten nur die Strukturen der Unterdrükkung und Ausbeutung dieser Staaten zu übernehmen, trotz ihres Anspruchs, die Grundzüge einer gleichberechtigten Gemeinschaft der Gläubigen zu schaffen, einer Gemeinschaft, die im Endeffekt Gott allein untersteht. Die zahlreichen revolutionären Glaubensspaltungen, die den Islam in seinen Kämpfen, dieses Ideal zu verwirklichen, beunruhigten und zersplitterten, führten zu einer autoritären Reaktion, die vom 11. Jahrhundert an organisiert wurde. Man verstärkte die Mechanismen des Zwangs und der staatlichen Unterdrückung bis zur Perfektion; die Orthodoxie wurde genauestens definiert und durch ein neues Netz von Lehrstätten verbreitet und eingeschärft.

Diese im wesentlichen konservative Orthodoxie, der Sunnismus, forderte Respekt gegenüber den Autoritäten und der muslimischen Tradition, wie sie um das 3. Jahrhundert der Hedschra (9. Jh.) aufgezeichnet worden war mit allen Sitten und Gebräuchen, die durch Einbeziehung in die mündliche Überlieferung des Propheten integriert und geheiligt wurden. Die klassische Unterwerfung unter Ordnung und Sitte wurde als notwendige Folge des Gehorsams Gott gegenüber befohlen.

Jedoch war diese Unterwerfung weder in den Gedanken noch in den Handlungen vollständig. Die Folgen der Schwäche des administrativen und polizeilichen Netzes waren eine extreme Dezentralisierung und eine große Autonomie der Grundeinheiten. Außerdem herrschten immer noch die Stammesstrukturen in Arabien, bei den Berbern und anderswo. Auf diese Weise stellten sich dem Staat autonome Einheiten entgegen, die allerdings genauso traditionalistisch waren, wenn nicht sogar noch mehr, doch deren oft anarchistische Turbulenz ablehnende Haltungen ermutigen konnte. Das Streben nach einer praktischen Verwirklichung der von Gott versprochenen Gleichheit rief Protestbewegungen gegen die herrschende Ungleichheit sowie zahlreiche individuelle Proteste hervor. Die Mystik kanalisierte diese manchmal, indem sie dem Gläubigen ein direktes persönliches Verhältnis zu Gott verschaffte, das ihn aber nur die offizielle Version des göttlichen Willens noch mehr mißachten ließ.

So koexistierten und koexistieren noch immer zwei zum Teil entgegengesetzte Richtungen, diejenige zur Ordnung und die zur individuellen Selbstverwirklichung. Die modernen Verhältnisse haben die eine oder die andere verstärkt und beiden neue Aspekte gegeben, aber sie sind nie in einer dialektischen Synthese verschmolzen. Sie verbanden sich höchstens in dem unbewußten Hang der Privilegierten (seien sie auch revolutionär), in einer stark hierarchisierten Gesellschaft ihre Privilegien ohne Komplexe und ohne Abstriche zu genießen und die kulturelle und soziale Minderwertigkeit der benachteiligten Schichten als natürlich zu betrachten. Ein gewisser Aristokratismus (der auch bei anderen Völkern zu bemerken ist) läßt sich daraus ableiten. Er schließt das gefährliche Beharren auf der Tendenz ein, die manuelle Arbeit abzuwerten.

### *Die Symbolik*

Eine wirkliche arabische Eigentümlichkeit – Grundzüge, die allen Arabern insgesamt und ihnen allein eigen sind – müßte sich vielleicht eher im Bereich der Zeichen- und Symbolsysteme herausstellen, die übrigens mit einer eigenen Wirksamkeit ausgestattet und gefühlsbeladen sind, und welche das Universum der Praktiken und sozialen Strukturen, der Ideologien sowie der Normen- und Wertsysteme widerspiegeln.

Der Mangel an ernst zu nehmenden Detailstudien in hinreichender Anzahl, die Komplexität des Problems und der Platzmangel verbieten es uns, dieses Thema hier zu entwickeln. Wir stellen nur die wahrscheinliche Hypothese auf, daß der allgemeine Gebrauch der arabischen Sprache, der gemeinsame Schatz der mündlichen Überlieferungen, der sich mit der Expansion verbreitet hat, das Prestige der Gründergruppe, der Araber von Arabien, die Entstehung einer bestimmten Sphäre arabischer Besonderheiten auf diesem Gebiet bedingen mußten.

Oft hat man angedeutet, daß weniger die Symbolik an sich das Spezifische war, als vielmehr die wichtige Rolle, die sie im Leben der Araber spielte. Man unterstrich vor allem die Liebe der Araber zur Rhetorik, die sich nicht um ihren Bezug zu den konkreten Fakten kümmerte. Aber man müßte näher auf die Realität und die Eigentümlichkeit dieser Tendenz eingehen und sie sorgfältig abwägen. Die Struktur der arabischen Sprache sowie die Vorherrschaft und das Prestige der Poesie in der Geschichte der arabischen Literatur haben diese Tendenz sicherlich noch begünstigt. Doch der erwähnte Bruch könnte (mindestens zum Teil) von einem allgemeineren Phänomen herrühren, von dem Graben zwischen dem Streben einerseits und den realistischen Möglichkeiten, sie zu verwirklichen, andererseits, wenn auch das Arabertum dabei eine ihm eigene Klangfarbe besitzt.

### *Die ästhetischen Werte*

Die traditionelle ästhetische Sensibilität der Araber geht auf eine Fusion der Kunsttraditionen im alten Vorderen

Orient zurück. Sie hat bedeutende griechische Einflüsse (sogar sehr augenscheinliche auf der Arabischen Halbinsel, vor allem bei den Südarabern vor dem Islam) sowie iranische Prägungen und war namentlich während der hellenistischen Zeit wirksam. Dieses antike nahöstliche Substrat wurde in der islamischen Zeit teilweise von den Formen gereinigt, die das hellenistische Kulturprestige während eines Jahrtausends verbreitet hatte. Unter den verschiedenen Traditionen, die diese Kultur gestalteten, befand sich auch jene bestimmter Völker und Gruppen (weit davon entfernt, allgemein zu sein), die einen Widerwillen gegen die Darstellung lebender Wesen hegten. Auf der gleichen Tradition basiert die Abneigung der Darstellung lebender Wesen im Judentum und in der byzantinischen Wiederbelebung des Bildersturms. Wenn auch im Islam das Fehlen solcher Darstellungen nur sehr relativ war, so trug es doch dazu bei, daß in den bildhaften Künsten die Formen der Arabeske und der Kalligraphie dominierten.

Möglicherweise fällt in der muslimischen Welt die Gegend mit der größten Abneigung gegen bildliche Darstellungen (keinesfalls total) mit der arabophonen Zone zusammen. Das kann auf die Tatsache zurückzuführen sein, daß diese Zone genau mit der übereinstimmt, in der vor der Arabisierung und Islamisierung die bilderstürmende Tradition die stärkste war. Als negativer Faktor muß auch in Betracht gezogen werden, daß die starke ikonographische Tradition des Iran hier den geringsten Einfluß gehabt hat, obwohl er aufgrund der Intensität der ethnischen Vermischung und wegen des häufigen Ortswechsels der Künstler innerhalb der muslimischen Welt auch hier bestand. Es ist vielleicht vor allem eine Zone, in der die legalistische religiöse Tradition mit der größten Strenge und Härte durchgesetzt wurde.[37] Ein diesbezügliches Indiz wäre das Aufblühen einer

Tendenz zur realistischen Abbildung in Ägypten in einer Zeit (10.-11. Jh.), als dort die fatimidische Heterodoxie schiitischer Konfession vorherrschte.[38]

Das Prestige der europäischen Kunst in den beiden letzten Jahrhunderten hat dieses traditionelle Kunstempfinden tief erschüttert. Alle ihre Schulen beeinflußten die arabischen Künstler und Handwerker. Die vulgären »Kitsch«formen waren die einflußreichsten in der »Bourgeoisie« bis hin zu den Massen. Erst vor kurzem erreichten die höher entwickelten Kunstformen eine Elite und bewirkten meist eine reine Übernahme, aber manchmal auch geglückte Synthesen mit den autochtonen Traditionen. Die nicht figurative Tradition wurde aber auch andererseits durch die Entwicklung der europäischen Kunst rehabilitiert. In diesem Milieu zeichnet sich eine Wandlung des Kunstempfindens ab, wobei die in der Vergangenheit erworbenen Kenntnisse nicht abgelehnt werden.

Das traditionelle musikalische Empfinden entstand ebenfalls aus einer Synthese der alten orientalischen, hellenistischen und aus Arabien stammenden arabischen Strömungen. Es beeinflußte im Mittelalter die westliche Musik, die ihr, schon infolge teilweise gemeinsamer Grundlagen, nahestand. Der Einfluß des Westens, der sich dann in eine andere Richtung entwickelte, ist auch hier seit zwei Jahrhunderten ziemlich stark. Das Volk blieb allerdings seiner Tradition sehr verbunden. Gewiß drangen Musikelemente in den Bereich des Chansons ein, doch sie wurden in eine Synthese integriert, in der die arabische Prägung wesentlich blieb. Trotz des Eindringens persischer, türkischer, arabischer und anderer Elemente im Laufe der Geschichte und trotz bedeutender regionaler Unterschiede, konnte sich in diesem Bereich eine relativ spezifische Einheit entwickeln.

*Der Nationalcharakter*

Das übliche vorwissenschaftliche und vorkritische Denken hat jeder ethnischen oder nationalen Gruppe stets einen bestimmten »Charakter« zuerteilt aufgrund des Charaktertyps von Individuen. Es machte aus diesem Charakter ein unvergängliches Wesen jedes Volkes und behaftete diese Diagnose mit Werturteilen. Die Gruppe, die ihre Meinung über eine andere äußerte, legte dabei ihr eigenes idealisiertes Verhalten als Norm zugrunde und stigmatisierte als Fehler, was davon abwich.[40]

Wir können zweifellos annehmen, daß die Lebensbedingungen und die sozialen Normen jeder Gruppe in ihrer geschichtlichen Entwicklung ihren Mitgliedern einen mehr oder weniger beständigen Typus von Formen des Verhaltens und der Haltung auferlegt haben. Denken wir zum Beispiel an den Einfluß, den die besonderen Bedingungen des sexuellen Lebens in islamischen Ländern ausüben müssen. Demgegenüber ist es jedoch keineswegs sicher, ob das Verhältnis und Ausmaß der Reaktionsarten jeder Gruppe auf äußere Stimulierungen (primäre oder sekundäre Nachwirkung, Neigung zur Aktivität, zur Erregbarkeit usw.), die Grundlage der individuellen Charaktere, eine Bedeutung hat. Diese Reaktionsarten können mindestens teilweise von physiologischen Strukturen abhängen, deren Verteilung nicht unbedingt mit den ethnisch-nationalen Gruppierungen in Beziehung zu stehen braucht.

Bis jetzt verfügen wir über keine charaktermäßigen ethnischen Definitionen der Araber, die sich auf wissenschaftliche Verfahren stützen. Die typologischen Studien dieser Art bezogen sich auf zu disparate Gruppen in der arabischen Welt, als daß man daraus Schlußfolgerungen ziehen könnte. Zu den sehr großen Schwierigkeiten solcher Charakterisierungen irgendeines Volkes kommt im arabischen Fall die weite Verbreitung dieses Volkes hinzu, das in relativ spezifischen Gegenden fragmentiert ist, die sich in unterschiedlichen sozialen und geschichtlichen Situationen befinden und unterschiedliche Grundlagen besitzen. Die landläufige ethnische Charakterologie der Araber selbst, die sich in zahlreichen Redensarten widerspiegelt, unterscheidet den Charakter der Ägypter, der Syrer, der Tunesier, der Marokkaner, der Jemeniten sowie der Beduinen Arabiens usw. Mit Recht weist diese mündliche Volksliteratur darauf hin, daß eine Lebensart auch unterschiedliche »Charaktere« einschließt. Wahrscheinlich gibt es einen wahren Kern in diesen empirischen Bewertungen wie auch in den Skizzen, in denen arabische und nichtarabische Autoren mit mehr oder weniger Bedacht eine Synthese zu finden suchen.

Eine der ernsthaftesten und eindringlichsten Versuche auf diesem Gebiet ist der des Tunesiers Hichem Djaït, einem Historiker und Essayisten, den ich hier als ein Beispiel zusammenfasse.[41] Er bemüht sich, die Prinzipien des Studiums der »Grundpersönlichkeit« auf der Linie der Schule von A. Kardiner auf den arabischen Fall anzuwenden. Er ist vor allem bestrebt, die zeitgenössische tunesische Grundpersönlichkeit zu definieren, und er versäumt es nicht, auf ihre Entwicklung im Laufe der Zeit hinzuweisen. Er glaubt aber, daß seine Darstellung mit einigen Nuancen und Veränderungen auf den ganzen Maghreb angewandt werden kann. Und nach seiner Meinung entfernt sich der arabische Orient auch nicht sehr weit von seinem Schema, es sei denn durch wechselnde Dominanten.

Das zweifellos herausragendste Charakteristikum in der arabischen Grundpersönlichkeit – angesichts der sorgfältig ausgearbeiteten Analysen von H. Djaït, für die ich ihm die volle Verantwortung überlasse – ist eine »starke Erregbarkeit des Gefühls«, von der Gesellschaft unterdrückt, aber schlecht diszipliniert, ein tiefgründiger Narzismus, eine ängstliche Suche nach Zustimmung durch die anderen, die ein großes Gewicht auf Prestigewerte legt, die sich auf Äußerlichkeiten gründen, schließlich eine Aggressivität, die auf unterschiedliche Weise orientiert ist und sich in den verschiedensten Formen ausdrückt.

Die üblichen Beobachtungen scheinen diese Darstellung oft zu bestätigen, die ohne Schönfärberei ist und sich vielmehr auszeichnet durch eine ausgesprochene Strenge gegenüber der levantinischen, städtischen Bevölkerung, die ohne Beständigkeit und Kampfgeist ist und von falscher Pracht lebt, die aber auch verfeinert und kultiviert ist.« (S. 222). Man kann allerdings auch individuelle Charaktere finden, die wenigstens einzelne Züge dieser Analyse zu widerlegen scheinen. H. Djaït berichtet von vielen Eigenschaften, die er auf die Primärerziehung des Kindes zurückführen zu können glaubt. Es scheint tatsächlich, daß die Art und Weise, in der man im allgemeinen den kleinen männlichen Nachkommen verhätschelt, der vom Schwarm der Frauen innerhalb der Familie verwöhnt und verzärtelt wird, nicht ohne verheerende Folgen ist.

H. Djaït kann nicht bezichtigt werden, wie man aus den oben zusammengefaßten Behauptungen schließen könnte, die Wirkkraft der institutionellen und sozialen Strukturen außer acht zu lassen. Es muß auch hinzugefügt werden, daß er die tiefliegenden Eigenschaften hervorzuheben sucht, die die hier beschriebenen Tendenzen überdecken. Seiner Ansicht nach könnte »eine radikale Reform der grundlegenden sozialen Institutionen [im Sinne von Kardiner, M.R.] viel bewirken. Neue Anpassungen werden auftauchen und die Harmonie des Ich erschüttern. Was übrig bleiben wird und muß, ist ein tiefer Kern, eine Art und Weise, die zwischenmenschlichen Beziehungen ins Auge zu fassen, und sich der Freude und dem Schmerz, dem Leben und dem Tod zu stellen. Der arabische Mensch könnte sich von seinen sexuellen Phantasmen, von seiner Angst, seinem Narzismus und seiner Aufgeblasenheit befreien, Eigenschaften, die insgesamt als ein *übergestreiftes Kleid des Ich* empfunden werden, und nichtsdestoweniger könnte er großzügig bleiben und sich fügen dank dieser schönen Ergebung [ins Unvermeidliche, die eine ruhige Zuversicht in die Handlung hervorbringt, M.R.], empfindsam für die Zustimmung des anderen, warmherzig und spontan innerhalb der Grenzen des Vernünftigen, stets bereit, auf den Appell der *muruwwa* [dem Ideal des Edelmuts und Humanismus, M.R.] sowie auf Solidarität und gemeinschaftliche Brüderlichkeit zu reagieren.« (S. 224)

Vorläufig können wir nur diese Würdigung aufzeichnen sowie die Übereinstimmungen und Abweichungen mit den tausend Facetten des konkreten individuellen Verhaltens sorgfältig vermerken. Wir sind gezwungen, neue Forschungen und wissenschaftlich ausgearbeitete Synthesen abzuwarten, um zu vermeiden, auf Erscheinungsformen hereinzufallen, die möglicherweise von rechtfertigenden oder herabsetzenden Ideologien getränkt sind. Die Haltung, die sich in bezug auf dieses besonders heikle Thema aufdrängt, ist die einer aufmerksamen Zurückhaltung.

# Schlußfolgerung

Seit der Ausbreitung des Islam vor mehr als dreizehn Jahrhunderten sind die Beziehungen der Araber zu Europa meist konfliktgeladen gewesen. Das ist eine übliche Situation zwischen benachbarten Völkern; es ist sogar die Norm, wenn sie zwei rivalisierenden ideologisch-politischen Blökken angehören. Daraus entstand auf beiden Seiten - was ebenfalls üblich ist - eine Reihe von Urteilen über den anderen, die viel mehr nach der Beschaffenheit der Beziehungen zu einem bestimmten Zeitpunkt geartet sind, als daß sie aus sachlichen Beobachtungen resultieren. Der Haß und die Verachtung beider Seiten in bezug auf die rivalisierende religiöse Ideologie wurden abgelöst durch die Verachtung des Besiegten einerseits und durch den Haß des Unterdrückers andererseits. Noch komplexere Fälle entfesselten vor kurzem in Europa und namentlich in Frankreich eine Welle der Araberfeindlichkeit. Das arabische Volk betrachtete sich selbst im wesentlichen als Opfer – und wurde vom »kritischen Westen«, wie es A. Laroui formuliert, als solches angesehen. Dies hat normalerweise eine apologetische Vision zur Folge, die den Beobachter herausfordern mußte.

Wir möchten nicht, daß die aus wissenschaftlicher Vorsicht gebotene Zurückhaltung bezüglich der spezifischen Charaktere der gesamten arabischen Welt oder die Übergehung bestimmter arabischer nationalistischer Mythen als Zugeständnis an die angesprochene Arabophobie erscheinen. Andererseits schließen wir die Augen weder vor der übertriebenen Bedeutung der Traditionen, die der Nationalismus verherrlicht, auch wenn sie unheilvoll sind, noch vor der zu ausschließlichen Vernebelung durch politische Ziele, vor dem Einfluß von Ideologien, die gern übertrieben und unkritisch unterstützt werden, noch vor der Heuchelei im Verhalten der alten und neuen Bourgeoisien. Jeder Nationalismus, der sich in einer Phase des Kampfes befindet, macht sich unangenehm bemerkbar im Sinne einer dauernden Selbstbestätigung und Rechtfertigung.

Doch dabei handelt es sich um ganz normale und gewöhnlich vorübergehende Phänomene, die sich oft bei allen Völkern in ähnlichen Situationen finden, auch wenn diese die Tendenz haben, sie zu vergessen, sobald sie sie hinter sich gelassen haben. Sie resultieren, zumindest zum großen Teil, aus Verhältnissen, in die die Araber unfreiwillig geraten sind. Es ließe sich leicht aufzeigen, daß diejenigen, die den Arabern solches Verhalten am häufigsten vorwerfen, abgesehen davon, daß sie ungebührend verallgemeinern, selbst weit davon entfernt sind, unschuldig zu sein, ja daß sie historisch und sozial betrachtet mit Strukturen verbunden sind, die dazu beigetragen haben, dieses Verhalten hervorzurufen.

In jeder Phase heftigen Kampfes ist das Vorfeld der Bühne von Ideologen zweiten und dritten Ranges belegt, die danach trachten, die Lage auszunutzen, um daraus materiellen Vorteil oder Prestige zu ziehen. Ebenso wie die Angehörigen der Führungsschicht, die ihre eigenen Interessen verfolgen und die den Blicken der Beobachter von außen die Masse der Arbeiter, der schöpferisch Tätigen, der Forscher und Künstler verschleiern ebenso wie die der ernsthaften und uneigennützigen militanten Kämpfer, die alle unter schweren Bedingungen arbeiten und wirken. Ob nun ihre Verhaltensweisen spezifisch, regional oder allgemeiner sind, jedenfalls haben die arabischen Gesellschaften damals und heute (im weitesten Sinn) Werke von hohem Rang geschaffen. Sie haben einen höchst wertvollen Beitrag zum gemeinsamen Erbe der menschlichen Kultur geleistet. An ihnen wurden und werden Eigenschaften offenkundig, die unsere Achtung verlangen. Im alltäglichen Verhalten zeigt sich bei einer großen Zahl von ihnen viel Menschlichkeit, Intelligenz, Empfindsamkeit und Wohlwollen. Wenn auch kein Volk mehr vollständig und kritiklos bewundert oder in all seinen Unternehmungen bedingungslos unterstützt werden kann, so bewies doch das arabische Volk durch seine Kulturbilanz im Laufe der Geschichte, daß es den Respekt aller menschlichen Gemeinschaften verdient und daß seine legitimen Ziele (oder das, was an ihnen legitim ist) Unterstützung und Solidarität erhalten sollten.

# Bibliographie

*AMIN, S.*, La nation arabe, nationalisme et luttes de classes, Paris, Editions de Minuit, 1976.

*ANTONIUS, G.*, The Arab Awakening, London, Hamish Hamilton, 1938.

*ARKOUN, M.*, La penśee arabe, Paris, PUF, 1975 (coll. »Que sais-je?«, Nr. 915).

*BERGER,* Morroe, The Arab World Today, New York, Doubleday, 1962.

*BERQUE, J.*, Les Arabes d'hierà demain, Paris, Seuil, 1960.

*CAHEN, C.*, L'Islam des origines au début de l'Empire ottoman, Paris, Bordas, 1970.

*CHATELUS, M.*, Stratégies pour le Moyen-Orient, Paris, Calmann-Lévy, 1974.

*CUOQ, J.-M.*, Les musulmans en Afrique, Paris, G.P. Maisonneuve & Larose, 1975.

*DJAÏT, H.*, La personnalité et le devenir arabo-islamiques, Paris, Seuil, 1974.

Encyclopéde de l'Islam (Französische Ausgabe), 1. Aufl., Leyden und Paris, 1913-1938, 5 Bände; 2. Aufl., Leyden, Brill and Paris, G.P. Maisonneuve & Larose, seit 1954 erscheinen einzelne Lieferungen.

*FLORY, M. und MANTRAN, R.*, Les régimes politiques des pays arabes, Paris, PUF, 1968.

*GARDET, L.*, L'Islam, religion et communauté, Paris, Desclée de Brouwer, 1967.

Les hommes de l'Islam, approche des mentalités, Paris, Hachette, 1977.

*HOURANI, A.*, Arabic Thought in the Liberal Age (1798-1939), London, Oxford University Press, 1962.

*KEDDIE, N. R.*, Sayyid Jamâl ad-Din »al-Afghani«, Berkeley-Los Angeles, Univ. of California Press, 1972.

*LAROUI, A.*, L'idéologie arabe contemporaine, Paris, Maspero, 1967.

Legacy of Islam (The), 2. Aufl., ed. by *J. SCHACHT* with *C.E. BOSWORTH,* Oxford, Clarendon Press, 1974.

*LERNER, D.,* The Passing of the Traditional Society, Glencoe, Ill., The Free Press, 1958.

*LEWIS, B.,* The Arabs in History, London, Hutchinson, 1950; (Hg.) The World of Islam, Faith, People, Culture, London Thames and Hudson, 1976.

*MIQUEL, A.,* L'Islam et sa civilisation (VII$^{e}$-XX$^{e}$ siècle), Paris, A. Colin, 1968.

*PLANHOL, X. de,* Les fondements géographiques de l'histoire de l'Islam, Paris, Flammarion, 1968.

*RODINSON, M.,* Mahomet, Paris, Club français du Livre, 1961; Paris, Seuil, 1968.
Marxisme et monde musulman, Paris, Seuil, 1972.
Le monde musulman et ses enclaves de 1940 à 1972, in: Le Monde depuis 1945 (M. Crouzet, Hg.), Paris, PUF, 1973, t. II, S. 685-760 (coll. »Peuples et Civilisations«, XXII).

*RONART, S. und N.,* Concise Encyclopaedia of Arabic Civilization: I. The Arab East; II. The Arab West, 2 Bde, Amsterdam, Djambatan, 1959-1966.

*RONDOT, P.,* Les chrétiens d'Orient, Paris, Peyronnet, 1955.

*SID-AHMED, A.,* L'économie arabe à l'heure des surplus pétroliers, Paris, Ismea, 1975.

*SOURDEL, D.,* Histoire des Arabes, Paris, PUF, 1976 (coll »Que saisje?«, Nr. 1627).

*SOURDEL, D. und J.,* La civilisation de l'Islam classique, Paris, Arthaud, 1968.

*SWEET, L. E.* (Hg.), The Central Middle East., A Handbook of anthropology and published research, New Haven, Conn., RAF Press, 1971.

*VAN NIEUWENHUIJZE, C.A.O.,* Sociology of the Middle East. A stocktaking and interpretation, Leiden, Brill, 1971.

# Anmerkungen

1 H.A.R. Gibb, The Arabs, Oxford, Clarendon Press, 1940, S. 3 (=Oxford Pamphlets on World Affairs, Nr. 40).
2 Martin Hartmann, *Der islamische Orient: II. Die arabische Frage,* Leipzig, R. Haupt, 1909, S. 113 f.
3 Über die Ausbreitung der Arabāya der Perser siehe F.-M. Abel, *Géographie de la Palestine,* Paris, Gabalda, 1938, II, S. 113 ff.
4 Das hat nachgewiesen werden können - gegen D.H. Müller - von dem großen Orientalisten Th. Nöldeke in seinem wertvollen Artikel *Arabia* der *Encyclopaedia Biblica, A. critical dictionary* . . ., London, Black, 1899, I, Sp. 272-275. Siehe auch den Artikel, der in der folgenden Anmerkung zitiert ist.
5 Vgl. G.E. von Grunebaum, *The Nature of Aran Unity before Islam,* in: *Arabica,* Leiden, 10, 1963 S. 5-23.
6 *Ibn Hishām, Sīra,* Ed. F. Wüstenfeld, Göttingen, 1859-60, S. 938.
7 Dieser Ausdruck hat seine Bedeutung geändert im Laufe der Entwicklung der Verhältnisse und wird heute im Orient häufig im Sinne von Arabern verwand in der modernen Bedeutung des Wortes, d.h. der Arabophonen.
8 Siehe vor allem A.N. Pollak, *L'arabisation de l'Orient sémitique,* in: *Revue des études islamiques,* 1938, S. 35-63.
9 Vgl. G. Lecomte, *Ibn Qutayba* . . ., Damaskus, Institut français, 1965, S. 348.
10 *Ibn Khaldoun, Muquaddima,* Ed. Quatremère, I, S. 270; Ed. Wâfi, Le Caire, 1957-1962, II, S. 453; Übers. F. Rosenthal, New York, 1958, I, S. 302; Übers. V. Monteil, Beirut, 1967-1968, I, S. 295.
11 R. Mantran, *Istanbul dans la seconde moitié du XVIIe siècle,* Paris, Adrien-Maisonneuve, 1962, S. 64.
12 Ich fasse lediglich den sehr guten Artikel von Albert Hourani zusamen: *The Changing Face of the Fertile Crescent in XVIII th century,* in *Studia Islamica,* Paris 8, 1957, S. 89-122.
13 Viele Einzelheiten bei J. Hajjar, *L'Europe et les destinées du Proche-Orient (1815-1848),* Paris, Bloud & Gay, 1970.
14 Über diese Begriffe verweise ich auf meinen Versuch der Theoretisierung, *Nation et idéologie,* in: *Encyclopaedia Universalis,* Paris, Band II, 1971, S. 571-575.
15 H. Djaït, *La personnalité et le devenir arabo-islamiques,* Paris, Seuil, 1974.
16 Ich habe diese Erwägungen in einem Artikel von 1961 ein wenig weiterentwickelt, *Maghreb et nationalisme arabe,* mit einer neuen Einleitung

wiederaufgelegt in meinem Buch, *Marxisme et monde musulman,* Paris, Seuil, 1972, S. 527-554.

17 Über die Theorie der »Bevölkerungen« und die Kritik der traditionellen Ideen siehe J. Ruffié, *De la biologie à la culture,* Paris, Flammarion 1977, S. 375-418. Diese letzteren sind summarisch und bündig dargestellt und vermeiden die Fallstricke des Rassismus von H.V. Vallois, *Les races humaines,* Paris, PUF, 1944 (Collection »Que sais-je?« Nr. 146).

18 Die neuerliche Verbreitung dieser Ideen ist vor allem Louis Massignon zu verdanken, dessen unermeßliche Gelehrsamkeit und genialen Geistesblitze nicht die Neigung ausschließen, die Tatbestände der Texte durch sehr kühne Interpretationen zu überschreiten im Sinne seiner persönlichen Neigungen und Tendenzen. Von den neueren Autoren, die dieses Thema entwickelt haben, zitieren wir lediglich Michel Hayek, *Le mystère d'Ismael,* Tours, Mame 1964; *Les Arabes ou le baptême des larmes,* Paris, Gallimard, 1972; *D' Abraham à Mahomet: rupture et continuité* (angekündigt, 1978 noch nicht erschienen).

19 Das scheint der Name dieser Frau anzugeben, über die keine Einzelheiten gegeben werden. Über den Charakter all dieser genealogischen Konstruktionen, siehe die kompetenten und genauen Darstellungen des Hw. R. de Vaux, *Histoire ancienne d'Israel, des origines à l'installation en Canaan,* Paris, Gabalda, 1971, I, S. 157 ff, vgl. auch I. Eph'al, *'Ishmael' and 'Arab(s)': a transformation of ethnological terms,* in: *Journal of Near Eastern Studies,* 35, 1976, S. 225-235.

20 Der Name der Sarrasins (Sarazenen) (Sarakènoi), sicher abgeleitet von einem Stamm, der später verschwunden ist, wurde seit den ersten Jahrhunderten dazu verwandt, die Araber zu bezeichnen. Doch diese wissen nichts davon.

21 Sozomène, *Hist. ecclésiastique,* VI, 38. Nach ihm sollen es die Juden gewesen sein, die den Arabern ihren ismaelitischen Ursprung gelehrt hätten (in ihrer Sicht natürlich ihr wahrer Ursprung).

22 *Jawâlîqî Kitâb al-mu'arrab,* Ed. A.M. Shākir, Kairo, 1361/1942. S. 13 f.

23 Das ist ausführlich begründet in der sorgfältigen Dissertation des Hw. René Dagorn, *La geste d'Ismael d'après l'onomastique et la tradition arabes,* (noch unveröffentlicht). Ich benutze diese Arbeit sowie die Forschungen, die ich gemacht habe, für die lange Einleitung, die ich für dieses Buch angefertigt habe.

24 Der Name »Persischer Golf« wird seit dem Altertum von den westlichen Geographen benutzt und wurde auch von den arabischen Geographen des Mittelalters unter der Form bahr Fāris, »Persisches Meer« übernommen. Diese erweiterten die Bedeutung manchmal und bezogen sie auf den gesamten Indischen Ozean, der allerdings »bahr al-Hind«, »Indisches Meer«, genannt wurde. Bei einem persischen Geographen findet man gelegentlich »golfe d'Irak«. Neuerdings haben die Araber den Namen Arabischer Golf angenommen. Um zu vermeiden, in dieser terminologischen Kontroverse, die auf einer nationalistischen Ideologie beruht, voreingenommen zu sein, schreiben jetzt viele einfach »der Golf«.

25 Dieser Name kommt aus dem Arabischen *bilād as-Soūdūn* (Land der Schwarzen). Wie der Name schon sagt, hatte er eine viel größere Ausdehnung. Im 20. Jh. wurde er zwei politischen Formationen gegeben, die man nicht verwechseln darf. Im Osten befand sich der anglo-ägyptische Sudan, aus dem die Republik Sudan hervorging, von der hier die Rede ist. Im Westen befand sich der französische Sudan, eine administrative Unterteilung des französischen Westafrika, die später zur sudanesischen Republik wurde (1958-1960), die dann den Namen Mali erhielt.

26 Über die MNA und die Bewegungen Arabiens siehe das ausgezeichnete Buch von Fred Halliday, *Arabia without Sultans,* Harmondsworth, Pelican Books, 1974.

27 Was die familiären Lebensgewohnheiten und Sitten anbetrifft, siehe z.B. Germaine Tillion, *Le harem et les cousins,* Paris, Seuil, 1966, der man nicht ganz folgen kann, vor allem in ihren erklärenden Hypothesen, aber deren ausgezeichnete Beschreibungen vieles erhellen.

28 Die Bezeichnung »Akzent«, die von einigen benutzt wird, um das Phänomen zu minimisieren, bedeutet nichts anderes als die Aufteilung der Sprache in Dialekte, und erzeugt - linguistisch gesehen - eine irrige Vorstellung.

29 Abdelkader Sid'Ahmed, *L'économie arabeà l'heure des surplus pétroliers,* Paris, 1975. S. 299 (=Economies et Sociétés. IX, Nr. 3, März 1975; = Cahiers de l'ISMEA, Serie F., Nr. 26, S. 279-522). Diese erwähnenswerte Synthese wurde häufig benutzt.

30 Wir haben großen Nutzen gezogen aus dem bedeutenden Buch von C.A.O. Van Nieuwenhuijze, *Sociology of the Middle East, a stocktaking and interpretation,* Leiden, Brill, 1971 (mit einer beachtenswerten Bibliographie). Ein wertvolles Beispiel der Analyse einer Gegend gab P. Bourdieu, *Sociologie de l'Algérie,* 2. Aufl., Paris, PUF, 1961 (Sammlung »Que sais-je?«, Nr. 802).

31 Vgl. M. Rodinson, *Islam et capitalisme,* Paris, Seuil. 1966. S. 67 ff, 73-83. (Dt. Übersetzung: *Islam und Kapitalismus,* Frankfurt a. M., Suhrkamp, 1971).

33 Ein christlicher Autor aus dem 4. Jh. sagt sogar verallgemeinernd: »Man sagt, daß die Frauen sie beherrschen (die Araber)«; vgl. *Expositio totius mundi et gentium,* Hrsg. J. Rougé, Paris Ed. Cerf, 1966 S. 20, S. 154 f. (Sources chrétiennes Nr. 24).

34 Siehe vor allem das großartige Buch von Niyazi Berkes, *The Development of Securalism in Turkey,* Montréal, Mc Gill University Press, 1964.

35 Vgl. M. Rodinson *Histoiré economique et histoire des classes sociales dans le monde musulman,* in: *Studies in the Economic History of Middle East. . .,* hg. von M.A. Cook, London, Oxford University Press, 1970, S. 139-155; man könnte noch vieles hinzufügen zu den Texten, die ich über die Klassen zitiert habe, namentlich die Einteilung in Klassen des ägyptischen Volkes von Maqrīzī (gest. 1442) in seinem *Traité des famines.* Eine ausführliche Dokumentation zu diesem Thema findet sich bei I.M.

Lapidus, *Muslim Cities in the Later Middle Ages,* Cambridge, Mass, 1967. S. 79 ff.

36 Edouard (Bichr) Farès, *L'honneur chez les Arabes avant l'Islam, étude de sociologie,* Paris Adrien-Maisonneuve, 1932.

37 Vgl. J. Sourdel-Thomine, *Peinture arabe et société musulmane,* in: *Revue des études islamiques,* 1963, 31, S. 115-121; *Art et société dans le monde de l'Islam,* ebenda 36, 1968, S. 93-114.

38 Vgl. R. Ettinghausen, *Early Realism in Islamic Art,* in: *Studi orientalistici in onore di G. Levi della Vida,* Roma, 1956, I, S. 250-273.

39 Einzelheiten findet man in der wertvollen Synthese von Simon Jargy, *La musique arabe,* Paris, PUF, 1971 (Collection »Que sais-je?«, Nr. 1436).

40 Vgl. M. Rodinson, *Racisme et ethnisme,* in: *Pluriel,* Paris, Nr. 3, 1975, S. 7-27.

41 Djaït, *La personnalité et le devenir arabo-islamiques,* Paris, Seuil, 1974, S. 195-228.

## Kulturgeschichte
## in der edition suhrkamp

Aron, Jean-Paul / Roger Kempf: Der sittliche Verfall. Bourgeoisie und Sexualität in Frankreich. Aus dem Französischen von Agnes Bucaille-Euler, Birgit Spielmann und Gerhard Mahlberg. es 1116

Brunkhorst, Hauke: Der Intellektuelle im Land der Mandarine. es 1403

Kleinspehn, Thomas: Warum sind wir so unersättlich? Über den Bedeutungswandel des Essens. es 1410

Kulturbestimmungen im 20. Jahrhundert. Herausgegeben von Helmut Brackert und Fritz Wefelmeyer. es 1587

Lang, Bernhard / Colleen McDannell: Der Himmel. Eine Kulturgeschichte des ewigen Lebens. Mit zahlreichen Abbildungen. es 1586

Die Listen der Mode. Herausgegeben von Silvia Bovenschen. es 1338

Macho, Thomas H.: Todesmetaphern. Vom Reden über den Tod. es 1419

McKeown, Thomas: Die Bedeutung der Medizin. Traum, Trugbild oder Nemesis? Aus dem Englischen von Cornelia Rülke und Bernhard Badura. es 1109

Mythos und Moderne. Begriff und Bild einer Rekonstruktion. Herausgegeben von Karl Heinz Bohrer. es 1144

Naturplan und Verfallskritik. Zu Begriff und Geschichte der Kultur. Herausgegeben von Helmut Brackert und Fritz Wefelmeyer. es 1211

Scholem, Gershom: Über einige Grundbegriffe des Judentums. es 414

Das Schwinden der Sinne. Herausgegeben von Dietmar Kamper und Christoph Wulf. es 1188

Die unvollendete Vernunft: Moderne versus Postmoderne. Herausgegeben von Dietmar Kamper und Willem van Reijen. es 1358

Vernant, Jean-Pierre: Die Entstehung des griechischen Denkens. Aus dem Französischen von Edmund Jacoby. es 1150

– Mythos und Gesellschaft im alten Griechenland. Aus dem Französischen von Gustav Roßler. es 1381

Veyne, Paul: Glaubten die Griechen an ihre Mythen? Ein Versuch über die konstitutive Einbildungskraft. es 1226

Die Wiederkehr des Körpers. Herausgegeben von Dietmar Kamper und Christoph Wulf. es 1132

308/1/6.90